PHILIPPE DESCHAMPS

A travers les Pays encore annexés !

PENSONS-Y TOUJOURS !

1871

ALSACE

OUBLIER ? JAMAIS !

1902

LORRAINE

TRENTE ANS APRÈS !

LEMERRE, ÉDITEUR, PARIS

A

MONSIEUR J. SANSBŒUF

l'Ardent Patriote

PRÉSIDENT

de la

**Fédération des Alsaciens-Lorrains
de France et des Colonies**

PHILIPPE DESCHAMPS

À travers les Pays encore annexés !

PENSONS-Y TOUJOURS !

1871

✷

ALSACE

OUBLIER ?
JAMAIS !

1902

✷

LORRAINE

TRENTE ANS APRÈS !

A. LEMERRE, ÉDITEUR, PARIS

PARIS DIFFAMÉ A BERLIN

Pour la sinistre nuit l'aurore est un scandale ;
Et l'Athénien semble un affront au Vandale.
Paris, en même temps qu'on t'attaque, on voudrait
Donner au guet-apens le faux air d'un arrêt ;
Le cuistre aide le reitre ; ils font cette gageure,
Déshonorer la ville héroïque ; et l'injure
Pleut, mêlée à l'obus, dans le bombardement ;
Ici le soudard tue et là le rhéteur ment ;
On te dénonce au nom des mœurs, au nom du culte :
C'est afin de pouvoir t'égorger qu'on t'insulte,
La calomnie ayant pour but l'assassinat.
O ville, dont le peuple est grand comme un sénat,
Combats, tire l'épée, ô cité de lumière
Qui fondes l'atelier, qui défends la chaumière,
Va, laisse, ô fier chef-lieu des hommes tous égaux,
Hurler autour de toi l'affreux tas de bigots,
Noirs sauveurs de l'autel et du trône, hypocrites
Par qui dans tous les temps les clartés sont proscrites,
Qui gardent tous les dieux contre tous les esprits,
Et dont nous entendons dans l'histoire les cris,
A Rome, à Thèbe, à Delphe, à Memphis, à Mycènes,
Pareils aux aboiements lointains des chiens obscènes.

Victor Hugo.

MON VOYAGE AUX PAYS ENCORE ANNEXÉS

Trente ans après !

Pensez-y toujours, disait Gambetta. Notre devise est restée la même !

Le voyage que je viens de faire en Alsace-Lorraine a ravivé dans mon esprit de bien tristes souvenirs.

J'ai voulu revoir ces anciennes villes françaises, arrachées à la Mère-Patrie, par la force brutale, sans qu'aucune nation continentale n'ait protesté contre le rapt odieux ordonné par Bismarck.

Il y a trente ans nous subissions le même sort que le Transvaal et l'Orange subissent en ce moment.

La France, comme le Transvaal, fut envahie, incendiée, pillée, dévastée, meurtrie, vaincue, rançonnée et démembrée, sans qu'une intervention se produisit de la part des puissances, qui assistèrent impassibles, à son agonie !

Si, à cette époque, une proposition d'arbitrage avait eu lieu, la France aurait été sauvée. La destinée en a décidé autrement. Pour beaucoup la blessure saigne encore, et pour d'autres elle est cicatrisée ; c'est que trente ans, dans la vie d'un peuple comme le nôtre, c'est peu de chose. Des générations nouvelles sont venues, à qui on a appris toutes sortes de choses, mais non à se souvenir, et l'Alsace et la Lorraine restent allemandes ! Qui pense à Thiers allant en 1870, dans les Cours européennes implorer un appui, crier « A l'aide ? » Qui pense à la France envahie, à Paris assiégé ?

L'Europe de 1870, comme celle de 1902, était plongée dans un sommeil léthargique. Le Transvaal en subit en ce moment les mêmes conséquences !

Le Président Krüger est l'incarnation du patriotisme le plus pur, de la vaillance la plus grande. Quand il vint à Paris, on saluait en lui le droit compromis, la liberté méconnue, la justice violée.

Les Parisiens ont les élans généreux, le sens droit de l'honnêteté, et l'émotion charitable. Paris pense que le patriotisme est la vertu du citoyen ; c'est pourquoi le peuple n'a pas marchandé ses ovations délirantes à Celui qui, à ses yeux, représente le droit et l'équité, Paris a reçu Krüger en triomphateur. Quels braves cœurs que ceux de tous ces citoyens qui se pressaient sur le parcours du grand proscrit, pour jeter dans l'air leurs cris vibrants d'enthousiasme !

Cet homme de bien conserve dans son cœur une opiniâtre espérance. Il est venu avant le dernier soupir de la liberté, dans l'espoir que l'Europe interviendrait dans la plus révoltante iniquité du siècle. La patrie, l'honneur, la vaillance, l'enthousiasme, l'abnégation, la force surhumaine, que donne la confiance dans une cause juste et sainte, voilà ce que le président Krüger — ce pèlerin du droit — invoque, et l'Europe laisse anéantir de tels héros sous les coups des soldats anglais ! Le président Krüger a trouvé dans sa foi et son patriotisme des accents de la plus émouvante éloquence, sa présence à Paris a touché tous les cœurs, et nous avons vu l'âme française se révéler dans sa vigoureuse spontanéité.

Les fermiers du Transvaal — devenus des soldats héroïques — resteront désormais, même s'ils étaient vaincus, l'image invincible de l'espérance qui les conduit à la bataille. Les terres du Transvaal et de l'Orange sont fécondes en héros. La ténacité de ces braves, jamais désespérés, est des plus saisissante ; les faits d'armes qu'ils ont accomplis tiennent du prodige ; leur intrépidité dans l'action a stupéfié les généraux anglais. Cette guerre du Transvaal n'est-elle pas — depuis les croisades et les campagnes de la Révolution française — le plus splendide geste accompli par des troupes d'hommes, sous le souffle de l'idéal.

Tout est beau, tout est grand, tout est sublime, dans les magnifiques exemples donnés par ce petit peuple. L'homme a laissé éteindre son foyer, écrouler son toit, abandonné ses plus chères affections, pour voler au devoir et au péril. La femme, qui ne connaît ni la défaillance, ni le découragement, d'un œil sec, a envoyé ses enfants à la gloire ou à la mort ; et plutôt que de vivre dans une patrie où ils ne trouveraient plus qu'oppression et esclavage, ils préfèrent mourir ! Quelle leçon de patriotisme ces héros auront donnée ! Le président Krüger, qui est l'âme de cette lutte prodigieuse, avait dit : Nous étonnerons le Monde ! Ils l'ont étonné.

Cette guerre qui, d'après les Anglais, ne devait être qu'une promenade, dure depuis trente mois ! Le plaidoyer du président Krüger a été entendu, compris de tous les peuples ; le droit méconnu, la liberté violée, l'honneur outragé, trouvent toujours des défenseurs. Le peuple de France, par ses traditions séculaires, s'est associé aux démonstrations faites en faveur de la Paix, il a salué avec respect et dignité le président Krüger qui personnifie à un si haut degré l'héroïsme. A ce vieillard qui a sacrifié tout ce qui fait la grandeur et la dignité de la vie humaine, famille, liberté, foyer, indépendance, le peuple de France a érigé une statue d'admiration, la plus belle qu'un citoyen puisse ambitionner, car elle a pour piédestal : l'Amour et le cœur des Français !

La leçon de vertus que les fermiers transvaaliens et leurs chastes épouses donnent au monde est belle et sublime. Ces grands citoyens font preuve de patriotisme, de courage, de générosité, de bravoure, de stoïcisme et de vaillance ; dans leur civisme élevé, ils sont magnanimes et humains ; un tel peuple ne saurait périr. Nous pleurons d'impuissance et de douleur devant les revers des Boërs, mais nous garderons le souvenir des morts héroïques ; leur sang, ainsi que la rosée, fécondera la terre, et les nouvelles légions de vengeurs qui se lèveront secoueront à leur tour le joug de l'oppresseur.

Quel sera le dénouement de cette guerre qui retient l'attention du monde ? On ne peut encore le prévoir à l'heure où j'écris ces lignes. Quoi qu'il en soit, le Transvaal sera le tombeau de la réputation des soldats anglais et de leurs présomptueux officiers.

Les Boërs se battent pour la dignité de l'humanité, les Anglais se battent pour de l'or !

Le dernier cri des Boërs sera, comme celui des Alsaciens-Lorrains : l'indépendance ou la mort !

SEDAN

Toulon, c'est peu ; Sedan, c'est mieux.
       L'homme tragique,
Saisi par le destin qui n'est que la logique,
Captif de son forfait, livré les yeux bandés
Aux noirs événements qui le jouaient aux dés,
Vint s'échouer, rêveur, dans l'opprobre insondable.
Le grand regard d'en haut lointain et formidable
Qui ne quitte jamais le crime, était sur lui,
Dieu poussa ce tyran, larve et spectre aujourd'hui,
Dans on ne sait quelle ombre où l'histoire frissonne.

Et qu'il n'avait encore ouverte pour personne ;
Là, comme au fond d'un puits sinistre, il le perdit.
Le juge dépassa ce qu'on avait prédit.
La lutte était farouche. Un carnage effréné
Donnait aux combattants des prunelles de braise ;
Le fusil Chassepot bravait le fusil Dreyse ;
A l'horizon hurlaient des méduses, grinçant
Dans un obscur nuage éclaboussé de sang.
Coulevrines d'acier, bombardes, mitrailleuses ;
Les corbeaux se montraient de loin ces travailleuses !
Tout festin est charnier, tout massacre est banquet.
La rage emplissait l'ombre, et se communiquait,
Comme si la nature entrait dans la bataille,
De l'homme qui frémit à l'arbre qui tressaille ;
Le champ fatal semblait lui-même forcené.
L'un était repoussé, l'autre était ramené ;
Là c'était l'Allemagne et là c'était la France.
Tous avaient de mourir la tragique espérance
Ou le hideux bonheur de tuer, et pas un
Que le sang n'enivrât de son âcre parfum,
Pas un qui lâchât pied, car l'heure était suprême.
Cette graine qu'un bras épouvantable sème,
La mitraille, pleuvait sur le champ ténébreux ;
Et les blessés râlaient, et l'on marchait sur eux,
Et les canons grondants soufflaient sur la mêlée
Une fumée immense aux vents échevelée.
On sentait le devoir, l'honneur, le dévouement,
Et la patrie, au fond de l'âpre acharnement.
Soudain, dans cette brume, au milieu du tonnerre,

Dans l'ombre énorme où rit la mort visionnaire,
Dans le chaos des chocs épiques, dans l'enfer
Du cuivre et de l'airain heurtés contre le fer,
Et de ce qui renverse écrasant ce qui tombe,
Dans le rugissement de la fauve hécatombe,
Parmi les durs clairons chantant leur sombre chant,
Tandis que nos soldats luttaient, fiers et tâchant
D'égaler leurs aïeux que les peuples vénèrent,
Tout à coup, les drapeaux hagards en frissonnèrent,
Tandis que, du destin subissant le décret,
Tout saignait, combattait, résistait ou mourait,
On entendit ce cri monstrueux : je veux vivre !
Le canon stupéfait se tut, la mêlée ivre
S'interrompit... — le mot de l'abîme était dit.
Et l'aigle noire ouvrant ses griffes attendit.
Alors la Gaule, alors la France, alors la gloire,
Alors Brennus, l'audace, et Clovis, la victoire,
Alors le vieux titan celtique aux cheveux longs,
Alors le groupe altier des batailles, Châlons,
Tolbiac la farouche, Arezzo la cruelle,
Bovines, Marignan, Beaugé, Mons-en-Puelle,
Tours, Ravenne, Agnadel sur son haut palef
Fornoue, Ivry, Coutras, Cérisolles, Rocroy,
Denain et Fontenoy, toutes ces immortelles
Mêlant l'éclair du front au flamboiement des ailes,
Jemmape, Hohenlinden, Lodi, Wagram, Eylau,
Les hommes du dernier carré de Waterloo,
Et tous ces chefs de guerre, Héristal, Charlemagne,
Charles Martel, Turenne, effroi de l'Allemagne.

Condé, Villars, fameux par un si fier succès,
Cet Achille, Kléber, ce Scipion, Desaix,
Napoléon, plus grand que César et Pompée,
Par la main d'un bandit rendirent leur épée.

Victor Hugo.

Si la France apprit à supporter l'ingratitude, elle apprit aussi à la détester. Notre plaie est encore si vive, qu'il faut nous pardonner les cris qui nous échappent, lorsqu'un souvenir réveille notre douleur.

Le pénible pèlerinage que j'ai refait à travers nos deux belles provinces devenues allemandes! m'a vivement impressonné.

Après Strasbourg « la Patriote », Metz « la Charitable », Bitche « l'Imprenable », qui, en 1744 et en 1793, repoussa deux fois les Prussiens et les Autrichiens. En 1871, les Allemands ne purent s'en emparer tellement la résistance fut acharnée. Reichschoffen immortalisé par la charge héroïque des cuirassiers, en août 1870. Saint-Privat, où le 18 août se livra une des plus sanglantes batailles. Wœrth rappelle l'effroyable bataille du 6 août ; Gravelotte rougi par le sang des soldats français, à la suite du terrible combat du 16 août. Huningue, où naquit le général Ordener, soutint en 1815, un siège mémorable contre les Autrichiens. Forbach où fut livrée, le 6 août 1870, une des premières batailles de la guerre franco-allemande. Wissembourg, où l'héroïsme des troupes françaises se dévoila à la bataille du 4 août; Rouffach, patrie du maréchal Lefebvre duc de Dantzig ; Phalsbourg, patrie du maréchal Lobau ; Mulhouse, l'industrielle ; Colmar, patrie du général Rapp, qui se défendit si glorieusement pendant un an à Dantzig, de Pfeffel, Rewbel, Leclanc, de l'amiral Bruat, du général Zurlinden et de Reisset.

Borny, où eut lieu la sanglante bataille du 14 août 1870 ; Rezonville, où fut livrée la bataille du 16 août.

Adressons un souvenir ému aux vaillantes populations de Neuf-Brisach, Sarrebourg, Thann, Château-Salins, Schlestadt, Sarreguemines, Erstein, Saint-Avold, Sainte-Marieaux-Mines, Niederbronn, Haguenau, Saverne, Molsheim, Sainte-Croix-aux-Mines, Habsheim, Boulay, Cernay, Hochefeldein, Saales, Bouzonville, Erstein, Guebvilliers, Munster, Ribeauvillé, Bergheim, Bischoffsheim, Saar-Union, Schiltigheim, Nerviller, Turkeim, Markolsheim et Westhoffen qui fournirent tant de soldats héroïques à la France.

Saluons Salzach où repose le maréchal Turenne qui, avec le prince de Condé, remporta la victoire de Fribourg, gagna la bataille de Sommershausen, battit les Prussiens à Nordlingen en 1645. Le maréchal Turenne s'illustra par sa défense héroïque de l'Alsace en 1674.

Le 27 juillet 1675, Turenne expédia un officier à Versailles avec mission de dire au roi Louis XIV qu'on apercevait au flanc de la Forêt Noire les voitures des Impériaux. Ce devait être sa dernière dépêche. Pendant le combat, Turenne s'abritait derrière un monticule, Saint-Hilaire, lieutenant-général d'artillerie, vint le prier d'examiner une batterie nouvelle, quand tout à coup un boulet parti des retranchements ennemis, arrache un bras du général Saint-Hilaire et tue le maréchal Turenne au moment où il allait vaincre le fameux général autrichien Montecuculli, qui était son plus terrible adversaire.

La mort prématurée de Turenne fut une perte immense pour la France. Le coin de terre de Salzbach où il fut enterré en 1675, est resté français, le gardien alsacien Schnœring vient d'être remplacé par M. Paulin, ancien gendarme retraité de Molsheim (Alsace).

La Patrie des Braves

L'Alsace et la Lorraine ont donné à la France des hommes illustres, des soldats héroïques. Ces deux provinces furent la pépinière de nos gloires militaires. Les noms des généraux alsaciens et lorrains qui ont illustré la France, en prenant part à la grande épopée napoléonienne, ont été gravés sur les quatre côtés de l'Arc de Triomphe de Paris, les voici : Scherer, Wehrlé, Beurmann, Wolf, Castex, Kellermann, Lefebvre, Hatry, Boyer, Dorsner, Schramm père et fils, Schneider, de Berckheim, Chouard, Schaal, Bourcier, Rapp, Walther, de Cœhorn et Dahlmann.

Metz est la patrie des généraux Kellermann, Lassalle, Bouchotte, Custine, François-Etienne, de Fabert, Buchoz, Pilatre de Rozier, Lacretelle, Ancillon et Richepanse.

M. Henri Coudere, qui vient de mourir, a joué pendant l'Année terrible un rôle des plus honorables et des plus patriotiques qui méritent qu'on rende, au moment de sa mort, un respectueux salut à sa mémoire. Il était, en effet, en 1870, trésorier-payeur général à Metz, et il y accomplit un acte de courage civique admirable.

Quand il vit que la ville allait tomber aux mains des Prussiens, ce patriote brûla tous les billets de banque dont il était possesseur, après en avoir relevé le numéro, et il empêcha ainsi l'ennemi de s'emparer de l'argent du Trésor français. L'intrépide fonctionnaire accomplissait là un acte qui l'exposait à être fusillé ; mais il n'hésita pas cependant à faire ce qu'il considérait comme un devoir, et c'est le plus simplement du monde qu'il raconta ensuite à ses chefs cet acte de véritable héroïsme. Un tel souvenir méritait d'être rappelé et il doit sauver de l'oubli la mémoire de ce bon Français.

Strasbourg a vu naître Kléber qui, engagé volontaire, devint général. En 1792, il assista au siège de Mayence, se distingua à Fleurus, et mourut assassiné au Caire, en 1800.

Le maréchal Kellermann, duc de Valmy — Strasbourgeois — commanda les armées de la Moselle et des Alpes, gagna la bataille de Valmy en 1792.

Parmi les officiers supérieurs nés à Strasbourg, je citerai : Le comte de Beurmann, le comte de Bercklein, de Schauenbourg, Farny, Doré, Forget, Hattay, Larchey, Stilz,

Tournier, Hartung, Splizer, Luxeux, Langlois, Rau, Jung, Hepp, Olivier, Eppler, Ihler, Wehrle, Dézené, Becker, Scherb, Senarmont, Ritter, Haillot, et les généraux bien connus : Laveuve, de Pellieux, Schnelgaus, Parmentier, Lefebvre et Heintz.

Aussi, enfants de Strasbourg, les vice-amiraux : Humann, Conrad, Dupré, de Maigret, Baudin et le brave sergent Hoff, devenu légendaire, Paulus et Sellenick, anciens chefs de musique de la Garde républicaine. Metzinger et le colonel Klob sont de Schlestadt, Kirman, de Rischoffsheim, Neuhauss, Schneider, de Saar-Union, le colonel Weissenburger, Schulmeister, Am.. Herbinger, Fruhinsholtz, de Schilligheim, Affenstein, d'Ersteur, Dentzel, de Turkeim, Ihler, de Thann, Hauser, de Steinbach, et Drosner, de Neuviller.

Il serait trop long d'énumérer ici tous les noms de cette Légion d'Honneur. Parmi les plus zélés Alsaciens-Lorrains qui ont opté pour la mère-patrie : je cite : MM. Sansbœuf, Plaar, Niessen, Biès et Roth, qui sont les plus fervents apôtres de l'Alsace-Lorraine.

L'Alsace-Lorraine peut, à juste titre, revendiquer l'honneur d'avoir été le berceau des plus vaillants soldats qui ont illustré la France. Mais elle est aussi le cimetière de gloires militaires ; les tombeaux des généraux Kléber et Rapp sont prisonniers des Allemands, des statues de héros français sont restées au pouvoir de l'ennemi, je cite celles du maréchal Ney et de Fabert à Metz, du général Desaix à Kehl, de l'amiral Lobau à Phalsbourg, du général Rapp, et de l'amiral Bruat à Colmar, du général Abbatucci à Huningue (il fut tué pendant le siège de la ville en 1796) et du maréchal Lefebvre à Rossbach.

Ces statues rappellent les vainqueurs au respect des vaincus.

2.600.000 habitants ont été, malgré eux, arrachés à la Mère-Patrie, et placés sous la domination allemande. Non content de nous voler deux provinces, l'implacable ennemi a exigé cinq milliards. *Voilà le triste bilan d'une guerre néfaste qui commença par un faux et finit par un rapt.* Il a été établi que les conséquences financières de la guerre avaient coûté à la France *plus de douze milliards*. L'Alsace et la Lorraine rapportaient 66 millions et demi par année. C'est pourquoi la dette nationale qui était en 1869 de 12 milliards 500 millions est actuellement de 33 milliards 42 millions 500 mille francs.

Le budget de 1869 était de 2 milliards 225.743.184 fr. 36, il est pour 1902 de 3 milliards 604.415.197 fr.

Les pensions militaires qui étaient fixées avant la guerre, à 45 millions, exigent maintenant 81 millions par an !

Que de chemin parcouru en un siècle, quand on songe qu'en 1789, la dette de la France était de trois milliards.

Les contribuables français ont dû pourvoir à toutes ces dépenses. En 1869 la part contributive de chaque citoyen était de 54 fr. 25, elle est aujourd'hui de 837 fr. 50.

Les dépenses de la guerre et de la commune ont augmenté sensiblement la somme que l'on payait aux porteurs de titres de la rente. Les arrérages qui étaient de 346 millions 001.605 fr. se sont élevés à 694 millions 005.775 fr., soit une plus-value de 348 millions 004.170 fr. En résumé, le contribuable français paie aujourd'hui 111 impôts. La première République en institua 34, Napoléon Ier, 19, Louis XVIII et Charles X, 7, Louis-Philippe, 2 ; la deuxième République, 7, Napoléon III, 8 et la troisième République, 34.

Depuis trente ans les Allemands s'efforcent de germaniser leur conquête, mais leurs efforts se trouvent annihilés par la résistance opiniâtre et inlassable des vaillantes populations qui protestent continuellement contre le joug odieux qu'on leur fait subir.

Dans les villes que j'ai visitées, dans les villages que j'ai traversés, j'ai constaté partout la même haine, les mêmes regrets. Jamais les Allemands ne parviendront à conquérir les cœurs alsaciens-lorrains.

Metz « La Charitable »

Metz, la belle cité lorraine que nous pleurons, fut, de tous temps, une ville de bienfaisance, l'héroïsme de ses habitants toujours mis à l'épreuve. Après la première Révolution, la charité était faite par les dames de la noblesse et de la bourgeoisie, ces femmes vaillantes dont les cœurs sympathisaient avec toutes les douleurs, secouraient avec empressement tous les infortunés de la ville et des villages avoisinants, les Messins, qui ont toujours eu l'émotion charitable, encourageaient leurs femmes dans l'œuvre humanitaire à laquelle elles s'étaient vouées.

De tous côtés des sociétés de bienfaisance s'organisèrent, des hôpitaux se construisirent pour donner asile aux miséreux. En 1812, les soldats français qui revenaient de la retraite de Moscou furent reçus à Metz avec la plus grande bienveillance, et les malades furent l'objet de soins empressés. En 1870, pendant le blocus de la Ville, les dames et les demoiselles de tous rangs se distinguèrent par leur esprit de sacrifice, les nombreux blessés qui emplissaient les hôpitaux furent soignés avec la plus touchante sollicitude, les maisons particulières transformées en ambulance recueillaient les officiers français, les femmes de Metz, les femmes de la Croix-Rouge, les sœurs de Charité, rivalisaient de zèle par amour de la Patrie.

J'admire l'héroïsme souriant de ces dignes femmes qui évoluent toujours paisibles, résignées, et en consolatrices au milieu des plaintes, des amputations, des agonies, tandis que leurs malades les appellent comme des mères, ces femmes stoïques prouvent que l'humanité n'a pas de patrie, et que la bonté est l'amour du cœur.

Pendant la guerre maudite, que d'ensevelissements ont dû faire ces femmes aux âmes sensibles, aux cœurs généreux. Que de larmes elles ont vu verser par les agonisants couchés sur des lits communs, en proie à des agonies obscures, dont les voix suppliantes appelaient leurs mères, leurs fiancées, ignorantes là-bas. Hélas ! beaucoup de ceux qu'elles soignèrent avec attendrissement dorment en paix dans les fosses creusées sur cette terre d'Alsace-Lorraine qu'ils ont rougie de leur sang.

Les femmes de Metz ont été sublimes, leur charité légendaire est toujours usitée dans les vieilles familles lorraines.

Et vous, femmes de la Croix-Rouge, qui partout faites l'admiration du monde entier, votre vaillante présidente Mme Kœchlin-Schwartz est une Alsacienne, je tiens à citer ici son nom.

Femmes de France, c'est grâce à votre patriotisme élevé, à la générosité de vos sentiments, à la noblesse de vos pensées, que la France reste le foyer lumineux d'où rayonnent les grands exemples humanitaires, et les sublimes mouvements du cœur.

C'est pourquoi la France fidèle à ses traditions séculaires tressaille d'admiration devant l'infortune des Boërs. La France n'est-elle pas l'alliée naturelle de tous ceux que le malheur grandit, elle glorifie le peuple magnanime qui est résolu à combattre jusqu'à l'effort suprême pour son indépendance.

J'ai voulu revoir Metz, que nul Français ne peut parcourir sans humiliation, sans remord et sans haine. La vue de Metz évoque les plus tristes souvenirs. Metz l'Inviolée ! livrée aux Allemands dont l'orgueil pédantesque se reconnaît, dans le pas cadencé, bruyant et démesuré de ses soldats.

Metz ! qui était le plus imposant rempart de la France, Metz, l'inexpugnable citadelle, la formidable place de guerre qui gardait si fidèlement l'intégrité du territoire français, fut livré aux Allemands, le 28 août 1870, par le traître Bazaine, avec 173.000 hommes, dont 3 maréchaux, 50 généraux, 600 officiers, 53 drapeaux, 1.407 pièces de canons, 3 millions de projectiles, 23 millions de cartouches, et un considérable matériel de guerre intact.

La reddition de Metz fut un effondrement sans précédent dans les annales de la guerre, cette effroyable catastrophe militaire fut le dénouement fatal de la ténébreuse et tragique machination du traître Bazaine.

Sur l'Esplanade je coudoie deux Alsaciens incorporés dans un régiment de uhlans, leurs physionomies tristes et pensives me rappellent ceux que j'avais rencontrés au Musée d'artillerie de Berlin, au moment où ils venaient de s'arrêter devant les vitrines où sont exposés des costumes d'officiers français tués au carnage de St-Privat, ces braves tombés au champ d'honneur avaient été dépouillés de leurs effets, puisque la mort n'était même plus respectée ! Sur les murs, des schakos, des képis, des sabres, des baïonnettes, des fusils, des guidons tricolores, des épaulettes, des éperons et des pistolets, toutes ces reliques ont appartenues à des soldats français ; à côté, des tambours, muets désormais, et qui, tant de fois, battirent la charge et menèrent nos pioupious à la victoire, la peau en est jaunie, tannée.

Mes deux Alsaciens contemplaient des clairons français qui sonnèrent fièrement la charge, lançant dans la mêlée leurs notes aiguës, leurs appels stridents. Espérons que leur voix ressuscitera un jour, pour faire résonner dans les rues de Metz et de Strasbourg les sons de la Marseillaise.

Plus loin, des cuirasses ramassées sur le champ de bataille de Reichshoffen. Quels sont les braves qui les portaient, des héros, dont l'histoire ne dira jamais les noms.

Les piliers de ce musée militaire sont tapissés de drapeaux tricolores que la poussière de trente années n'a pu ternir. Il me semblait voir frisonner encore la soie déchiquetée et flétrie, je m'inclinai respectueusement devant l'image vénérée de la Patrie, je saluai avec émotion ces étendards qui parcoururent le monde, portant dans leurs plis glorieux, le souffle de la liberté.

Les deux Alsaciens regardaient attentivement ces saintes reliques frangées d'or, qui claquèrent sous le soleil et sous l'orage, noircies par la fumée, déchiquetées par les balles ennemies, lacérées par tous les vents d'Europe, et désormais prisonnières. Loques glorieuses pour lesquelles tant de braves surent mourir, vous êtes l'honneur de l'Armée française. Plus loin des drapeaux de la guerre de 1870, je remarque qu'ils ont été confectionnés à la hâte et cousus par des doigts inhabiles ; des canons qui ont vomi la mitraille sur l'ennemi, des inscriptions indiquent : Sedan, 2 septembre, Metz, Strasbourg, St-Privat, Thionville, Woerth, La Fère, Le Mans, Fort de Vanves, Mont-Valérien. Je m'approchai des deux Alsaciens qui m'avaient suivi à travers ce calvaire, et me hasardai de les interpeller en français. Ils me répondirent aussitôt très doucement de manière à ne pas être entendus par le gardien.

Vous êtes Alsaciens ?

Oui, Monsieur, et vous, Français !

Ah ! nous aussi nous avons été Français !

Leurs mains crispées, leurs visages pâles, leurs traits contractés, l'éclair de leurs prunelles, en disaient plus long que leurs lèvres qui devaient rester closes.

Sous l'uniforme allemand battaient des cœurs français meurtris et torturés, mais que nul ne peut asservir. Nous aussi nous avons été Français...

Ces paroles résonnèrent à mon oreille, comme un glas funèbre !

Français, ils le seront toujours, ils ont conservé la langue maternelle, et leur cœur est resté tout entier à la France. Metz, Strasbourg, Mulhouse, Colmar, et toutes les autres villes arrachées à la Mère-Patrie, vivent dans l'espérance, l'attente sera-t-elle encore longue ? l'heure de la délivrance sonnera-t-elle bientôt ? c'est le secret du dieu des armées !

Quand Même !

Tel est le cri de ralliement poussé tous les ans, par la nouvelle génération des Alsaciens-Lorrains qui préfèrent émigrer, plutôt que de se voir incorporer dans les rangs de l'armée allemande.

Français quand même !

Bravo, vaillante jeunesse, vous êtes dignes de vos pères qui ont lutté pour sauver leur Patrie.

C'est par milliers que l'on compte tous les ans les jeunes gens qui ne viennent pas répondre à l'appel du tirage au sort.

Metz a subi des transformations, les remparts édifiés par Vauban vont être livrés à la pioche des démolisseurs, l'Esplanade, promenade favorite des vieux Messins, qui viennent y contempler la riante vallée de la Moselle, est toujours ornée de la statue du maréchal Ney.

Metz, qui était une ville élégante, où s'affirmait la délicatesse du bon goût, a maintenant l'aspect terrifiant d'une ville de guerre, peu à peu les Allemands enlèvent à la cité lorraine, que j'ai connue si belle, ses charmes et sa noblesse ; les rues sont encombrées par la soldatesque allemande, des officiers grands et forts font résonner sur les pavés le son métallique de leurs sabres qui caractérisent leur arrogance, leurs tuniques blanches tranchent sur leur barbe rousse.

J'ai assisté à l'exercice des recrues, à la vue de ce troupeau d'hommes qui manœuvre silencieusement, on croirait voir un rempart en marche tellement les manœuvres s'opèrent automatiquement.

Quel enseignement pour un Français, — qui sait le progrès que font, dans nos casernes, les idées révolutionnaires — que le labeur silencieux de ces soldats allemands ployés sous une discipline de fer. Les grands désastres renferment de grands enseignements. La sagesse consiste à les comprendre, le courage, à en profiter.

La Prusse — il faut le reconnaître — a eu cette sagesse et ce courage après ses désastres de 1806-1807.

Napoléon Ier, non content d'avoir battu et détruit son armée à Iéna, lui imposa après le traité de Tilsitt, la stipulation du 8 septembre 1808, qui limitait à 42.000 hommes le chiffre de ses soldats, c'est alors que les ministres prussiens, Stein, Hordenberg et Scharnhorst, eurent l'idée d'appliquer — plus de 60 ans avant les autres nations — le principe du service obligatoire à court terme, combiné avec la création de réserves échelonnées. C'est par ce moyen que la Prusse parvint à reconstituer une armée importante, puisque les jeunes soldats ne passaient guère que six mois sous les drapeaux. Aussi après notre déroute de 1812, lorsque la Prusse se souleva contre Napoléon et prit une part active aux luttes de 1813 à 1815, vit-on l'armée limitée à 62.000 hommes se transformer sans efforts en une armée de 150.000 hommes bien dressés, et dont l'action régulière et énergique devint, hélas ! pour nous, décisive, dans ce grand drame militaire qui prit fin à Waterloo, le 18 juin 1815. Ce fut l'origine de la fortune inespérée de l'Allemagne.

La Prusse a donc eu recours, après ses désastres d'Iéna, à ce qu'on pourrait appeler des moyens héroïques pour reconstituer son armée, et les événements n'ont que trop prouvé à quel point elle y avait réussi. En France avons-nous procédé avec la même énergie, la même décision qu'elle, pour reformer notre organisation militaire après nos cruelles défaites de 1870 ?

C'est ce que l'avenir démontrera !

L'Allemagne arme toujours !

Depuis 1815, l'Allemagne avait travaillé patiemment avec l'idée bien arrêtée d'attendre le moment voulu pour se jeter sur la France qu'elle détestait. Bismarck, on l'a vu, se chargea de cette besogne.

La conquête de 1870-1871 n'a pas suffi à l'ambition allemande, car depuis cette époque, des augmentations successives se font tous les ans dans son armée. En 1893, on porta l'effectif de paix, à 537.093 hommes ; pour 1902, le chiffre a été élevé à 614.000, dont 24.292 officiers, 81.000 sous-officiers, 10.000 volontaires, et 105.143 chevaux.

Voilà les conséquences de la paix armée qui ruine les nations.

L'Alsace-Lorraine continue à bénéficier de la vigilance allemande, elle n'est plus à l'heure actuelle qu'un vaste camp retranché. L'Etat-Major a décidé qu'il sera construit sur les territoires annexés une caserne d'artillerie à St-Avold, une à Sarreguemines, une à Mulhouse, un hôpital à Metz, une intendance à Colmar.

Strasbourg, avec son enceinte polygonale et ses quatorze forts reliés par des batteries et des ouvrages en terre, marque la borne gauche qui a Neuf-Brisach pour garde avancée dans la vallée du Rhin.

A droite, Metz doté d'une triple ceinture d'ouvrages défensifs, développe sur les deux rives de la Moselle, un périmètre de 25 kilomètres tracé par neuf forts, dont les trois de Manstein, Karneck et Hindersin, sont fournis de coupoles cuirassées. Pour couvrir son flanc extérieur, l'antique cité lorraine a comme ouvrage avancé Thionville, que le génie militaire a couvert d'un fort sur les hauteurs de Guentrange. Sept lignes de chemin de fer, qui partent de Cologne, Coblentz, Mayence, Mannheim, Spire, Manau et Kehl, aboutissent à Metz, et desservent cette formidable base d'attaque, toutes les gares sont pourvues de quais de débarquement qui permettent à l'Allemagne de concentrer ses armées dans un délai maximum de dix jours. De nouvelles fortifications sont commencées sur le Rhin supérieur et sur la Doller, un affluent de l'Ill ; un fort sera construit près de Walkirch pour couvrir la « trouée de Belfort ». Le col de la Schlucht, qui coupe transversalement la frontière franco-allemande, sera hérissé de défenses ; le côté qui sépare l'Alsace offre un ensemble merveilleux, la vue du panorama qui s'y déroule est superbe ; sur le versant français, s'étale le ravissant spectacle des lacs bleus enfoncés dans un fouillis de verdure.

Tout est mis en œuvre par nos ennemis pour rendre imprenables, l'Alsace et la Lorraine.

C'est l'or français qui a payé les travaux de défense exécutés par les Allemands. Une partie des *5 milliards* volés à la France a été convertie en canons et en fusils, l'autre a été déposée dans le trésor de guerre qui existe dans la Tour Julius, à Spandau. La cave qui renferme le trésor est visitée tous les jours, six clés sont nécessaires pour ouvrir les trois portes ; sur le sol quinze rayons supportent chacun trente caisses, et six autres, quinze, soit 1.200 caisses. Dans chacune d'elles sont répartis, en dix sacs de toile, 100.000 marks, chaque caisse pèse 87 livres, l'intérêt du capital numéraire renfermé dans la Tour Julius représente quatre millions par an, et depuis que la somme y a été mise en dépôt, le capital aurait pu être doublé par les intérêts composés. La somme représente 150 millions de francs, et le poids 5.820 kilos.

L'Allemagne est armée jusqu'aux dents, et en présence de ces préparatifs provoquants — dont on n'a pas l'air de se douter chez nous — je crie : Sentinelles françaises veillez !

Enfants de la France qui serez un jour appelés, non seulement à défendre l'intégrité de notre territoire, mais aussi à reconquérir celui qui nous a été si odieusement extorqué, rappelez-vous les soldats de Reichshoffen, Bazeilles, Borny, Rezonville, Toul, Bitche, Saint-Privat, Châteaudun, car ils furent admirables, ainsi que ceux de Metz, qui au milieu des privations et de la souffrance, demandaient à marcher à l'ennemi.

Que n'eût-on pas fait avec une telle armée, dont le malheur fut d'être commandée par un traître? Que n'eût-on pu faire avec de tels soldats décidés à mourir, mais décidés aussi en mourant à fixer encore une fois la victoire dans les plis du drapeau? Et quelles funestes conséquences eurent les menées criminelles de Bazaine :

Le désastre de Sedan d'abord ; car si le maréchal de Mac-Mahon se décidait à marcher sur Montmédy, c'est à cause d'une dépêche pressante du traître qui lui demandait de venir au-devant de lui, l'armée de

Metz se mettant elle-même en marche dans cette direction.

Et, plus tard, sur les instances du prince Frédérick-Charles, Bazaine avançait de quelques jours l'époque fixée pour la capitulation, le traître se rendait livrant Metz, armée, drapeaux, et tout le matériel de guerre, avec ordre formel de ne rien détruire.

Mais une chose n'a pu être englobée dans ce désastre sans précédent dans les annales de la guerre, c'est l'honneur de l'armée, parce que nos soldats vieux et jeunes ont fait leur devoir. Aussi, quand tous les ans nous allons au Bourget, à Buzenval, à Champigny, porter des couronnes sur les tombes de ceux qui, dans ces jours de deuil, sont morts pour la Patrie, ce n'est pas seulement pour honorer nos frères d'armes que nous faisons ces pèlerinages, c'est aussi pour nous inspirer de leurs exemples. Nous allons leur crier notre inébranlable foi dans l'avenir, notre amour pour l'armée, notre culte pour le drapeau, notre dévouement à la France, parce que nous voulons être dignes d'eux, et comme eux ne jamais désespérer!

Strasbourg « la Patriote »

Après Metz, je visitai Strasbourg dont la merveilleuse cathédrale attire tant d'étrangers.

Strasbourg soutint glorieusement le siège qui dura du 3 août au 27 septembre 1870, et subit le plus épouvantable des bombardements.

Strasbourg possède la statue du général Desaix, un des héros de la France. Le général Desaix mort le 14 juin 1800, avait contribué à la prise de Hagueneau, il soutint un siège mémorable dans Kehl, de novembre 1796 à janvier 1797 contre l'archiduc Charles. Le monument élevé au héros de Marengo est situé dans l'Ile des Epis près du pont de Kehl.

Desaix, Kléber, deux noms vénérés par nos frères d'Alsace-Lorraine.

Desaix — comme De Wet aujourd'hui — symbolise la bravoure, le courage, la vaillance, l'héroïsme et l'amour de la Patrie.

Kléber, c'est l'épopée altière, la France partout victorieuse et triomphante. Quel souvenir que celui des superbes bataillons de Sambre-et-Meuse balayant les frontières, faisant reculer les armées de l'Europe coalisée contre la France, et au milieu de la tourmente Kléber l'invincible — chantant la Marseillaise pour entraîner ses soldats — le sabre à la main fauchant les bataillons prussiens. Depuis 30 ans que se sont écoulés les jours sombres, la statue du stoïque général alsacien, a dû être montrée bien des fois aux enfants par les vaillantes Strasbourgeoises qui continuent, avec un zèle inlassable, à inculquer à leur progéniture, l'amour de la France, tout en entretenant dans leurs cœurs la flamme sacrée de l'espérance. Ce devoir est pour leur douleur amère une consolation réconfortante. Les sublimes Strasbourgeoises espèrent revoir flotter sur la flèche de la majestueuse cathédrale, les trois couleurs françaises.

C'est Strasbourg qui inspira l'officier du génie, Rouget de l'Isle, pour composer sa vibrante Marseillaise. Le 23 avril 1792, Rouget de l'Isle s'étant rendu chez M. Diétrich, maire de Strasbourg, pour lui demander la main de sa fille, entendit les clameurs de la foule amassée dans les rues, qui fendaient l'air; l'ennemi était aux portes de la ville! la Carmagnole — l'hymne de la haine — rugissait sa féroce mélopée; Rouget de l'Isle indigné, révolté, invoqua sa muse et composa la Marseillaise que les Strasbourgeois répétèrent en chœur.

La Marseillaise, c'est la claire et noble épée forgée pour le combat, et que, seuls, les jours de bataille devraient faire sortir du fourreau.

Strasbourg, Metz, deux noms qui nous sont chers.

PARIS ASSIÉGÉ !

Ah ! c'est un rêve ! non ! nous n'y consentons point.
Dresse-toi, la colère au cœur, l'épée au poing,
France ! prends ton bâton, prends ta fourche, ramasse
Les pierres du chemin, debout, levée en masse!
France! qu'est-ce que c'est que cette guerre-là ?
Nous refusons Mandrin, Dieu nous doit Attila.
Toujours, quand il lui plaît d'abattre un grand empire,
Un noble peuple, en qui le genre humain respire,
Rome ou Thèbes, le sort respectueux se sert
De quelque monstre auguste et fauve du désert.
Pourquoi donc cet affront ? C'est trop. Tu t'y résignes,
Toi, France ? non, jamais. Certes, nous étions dignes
D'être dévorés, peuple, et nous sommes mangés !
C'est trop de s'être dit : — Nous serons égorgés
Comme Athène et Memphis, comme Troie et Solime,
Grandement, dans l'éclair d'une lutte sublime! —
Et de se sentir mordre, en bas, obscurément,
Dans l'ombre, et d'être en proie à ce fourmillement
Les pillages, les vols, les pestes, les famines !
D'espérer les lions, et d'avoir les vermines!
Vision sombre ! un peuple en assassine un autre.
Et la même origine, ô saxons, est la nôtre !
Et nous sommes sortis du même flanc profond !
La Germanie avec la Gaule se confond
Dans cette antique Europe où s'ébauche l'histoire.
Croître ensemble, ce fut longtemps notre victoire ;

Les deux peuples s'aidaient, couple heureux, triomphant,
Tendre, et Caïn petit aimait Abel enfant.
Nous étions le grand peuple égal au peuple scythe ;
Et c'est de vous, Germains, et de nous, que Tacite
Disait : — Leur âme est fière. Un dieu fort les soutient.
Chez eux la femme pleure et l'homme se souvient. —
Si Rome osait risquer ses aigles dans nos landes,
Les Celtes entendaient l'appel guerrier des Vendes,
On battait le préteur, on chassait le consul,
Et Teutatès venait au secours d'Irmensul ;
On se donnait l'appui glorieux et fidèle
Tantôt d'un coup d'épée et tantôt d'un coup d'aile ;
Le même autel de pierre étrange et plein de voix,
Faisait agenouiller sur l'herbe, au fond des bois,
Les Teutons de Cologne et les Bretons de Nante ;
Et quand la Walkyrie, ailée et frissonnante,
Traversait l'ombre, Hermann chez vous, chez nous
                                        [Brennus,
Voyaient la même étoile entre ses deux seins nus.
Allemands, regardez au-dessus de vos têtes,
Dans le grand ciel, tandis qu'acharnés aux conquêtes,
Vous, Germains, vous venez poignarder les Gaulois,
Tandis que vous foulez aux pieds toutes les lois,
Plus souillés que grandis par des victoire traîtres,
Vous verrez vos aïeux saluer nos ancêtres.

                                   Victor Hugo.

Tous les ans la statue de Strasbourg, place de la Concorde à Paris, est l'objet d'un pieux pèlerinage, les sociétés patriotiques, dont le but est le relèvement de la France, viennent déposer sur la statue — restée l'image de la Patrie — des couronnes, et apporter l'hommage ému de leur foi inébranlable. Les jeunes y fortifient leur espérance et y élèvent leur civisme, car l'éloquence du cœur est la plus grande de toutes. Les vétérans — et je suis du nombre — qui espèrent voir leur rêve patriotique se réaliser, y répètent le serment : Oublier ? Jamais !

Entre Paris et Berlin, il y a des abîmes de sang, des fossés de haine. L'Allemagne comprendra-t-elle un jour que notre Alsace-Lorraine est un boulet qu'elle traîne à ses pieds, qui embarrasse sa marche, qui l'immobilise au milieu de l'activité universelle, qui lui interdit les longs espoirs et les vastes pensées, qui la condamne au rôle d'éternelle sentinelle, et qui l'oblige à rechercher des appuis extérieurs dont elle connaît maintenant l'insuffisance.

L'Allemagne n'arrachera ni Metz, ni Strasbourg à leur passé glorieux, les couleurs françaises y seront toujours conservées religieusement et la *Marseillaise* continuera de résonner aux oreilles de ses habitants.

Le rapt allemand !

C'est après la reddition sensationnelle de Metz, que Bismarck, l'homme néfaste, traça sur la carte de France, un liséré vert indiquant la nouvelle frontière.

Depuis longtemps le Machiavel aux yeux de faucon convoitait sa proie ; ennemi acharné de la France, il voulait la réduire et la ruiner, aussi fut-il impitoyable.

On a dit que Thiers avait défendu pied à pied notre nouvelle frontière, c'est une grave erreur qu'il est utile de rectifier.

L'affirmation faite sur ce point, par l'éminent colonel Laussedat, détruit la légende, qui attribuait à Thiers la défense énergique de notre nouvelle frontière. Il n'en fut rien !

Pas une pierre de nos forteresses, pas un pouce de notre territoire, disait Jules Favre.

Je ne rentrerai dans Paris que mort ou victorieux, disait le général Ducrot. Il y rentra vivant, et vaincu !

Il y eut aussi le fameux plan Trochu.

Nous savons hélas ! à quoi ont abouti ces vaines déclarations.

Thiers libéra le territoire avant l'époque fixée, c'est incontestable, mais il ne défendit pas, comme il aurait dû le faire, son amputation.

Le général Doutrelaine qui revenait de captivité, et le colonel Laussedat, furent désignés pour aller assister aux conférences de Bruxelles, en qualité de commissaires de la délimitation de la nouvelle frontière.

L'Allemagne était représentée par le général Von-Strans, M. Herzog et M. Hauchecorne, descendant d'une famille française. Ce Hauchecorne resta intraitable envers ses anciens compatriotes, agressif, insolent, autoritaire et vindicatif, il fut sans pitié pour la

France blessée et râlante. De Moltke avait su trouver dans ce traître, sa doublure.

On a reconnu depuis que les délégués français, qui avaient assumé une responsabilité devant l'histoire, furent inférieurs à la tâche qui leur était dévolue.

Certains passages essentiels des préliminaires de paix, restés vagues, commandaient la résistance, il fallait qu'en présence de l'attitude insolente du vainqueur et de ses exigences outrées, que les négociateurs français aient du sang-froid, de la constance, de l'énergie et de la clairvoyance ; ils n'eurent rien de tout cela, puisqu'ils cédèrent sur les points principaux, malgré les avis précieux donnés par le général Doutrelaine et le colonel Laussedat.

L'Alsace et la Lorraine sacrifiées étaient livrées aux Allemands, qui déjà en 1815, nous avaient volé le riche bassin houiller de Sarrebruck. C'est dans ce village qu'eut lieu le 2 août 1870, le premier combat entre les armées françaises et allemandes.

Les Allemands furent étonnés du peu de résistance des négociateurs français, ils ne comprirent pas que nous ayons pu abandonner avec autant de facilité une proie si riche, des provinces aussi productives et des populations si françaises.

La suite des conférences de Bruxelles fut reprise à Cologne. Jules Favre, tremblant devant son terrible adversaire, souscrivit à tout ce qu'exigeait Bismarck. Thiers, il est vrai, sauva Belfort, mais ce fut en échange d'autres territoires.

Pouyer-Quertier fit rétrocéder le village de Villerupt.

Le 10 mai 1871, le traité définitif fut signé, et l'on doit reconnaître que l'attitude du colonel Laussedat fut énergique, car c'est au vaillant officier que l'on doit la conservation du village de Crusnes et du col Donon, ces quelques lambeaux de notre territoire furent disputés aux serres du vautour allemand par le colonel Laussedat. Hélas! l'œuvre machiavélique de Bismarck s'accomplit, la France épuisée, dévastée, rançonnée fut encore démembrée.

L'histoire dira que cette guerre fut criminelle, et la mauvaise foi du conquérant évidente.

Et depuis cette époque, encore si vivace dans notre esprit, le petit-fils du conquérant ne manque aucune occasion de rappeler à la France ses défaites.

Guillaume II dans ses visites annuelles en Alsace-Lorraine se complaît à répéter :

« Je m'appelle Sedan, Francfort, mon aigle tient dans ses serres des lambeaux de votre chair palpitante ».

Le rêve du belliqueux Guillaume II est d'ajouter de nouveaux lauriers à sa couronne, qui sait si ces lauriers ne seront pas des épines ?

Sedan-Metz glorifiés par les Allemands

Pour commémorer leurs victoires, les Allemands ont élevé à Berlin, à l'entrée du

Thiergarten, une colonne de la victoire, derrière cette porte de Brandebourg, par où passèrent en 1806, l'Etat-Major de Bonaparte et nos alertes régiments. Parmi les bas-reliefs j'ai remarqué celui qui reproduit la capitulation de Sedan, le général Reille remet au Roi de Prusse, la lettre de Napoléon III. Pour représenter l'entrée des Allemands à Paris, l'artiste n'a rien trouvé de mieux que de mettre, pour symboliser le peuple de Paris, une espèce de voyou en blouse, la pipe à la bouche, la casquette en arrière ; tel est l'hommage que le vainqueur a rendu au vaincu. Chez tous les peuples d'âme haute, l'art a plutôt tendance à glorifier le vaincu.

Les Russes plus magnanimes que les Allemands ont su rendre hommage à l'armée française. M. Kolodeieff, propriétaire près de Stoudianka, au bord de la Bérézina, lieu mémorable par le passage de cette rivière, a fait ériger à ses frais, et sur un terrain lui appartenant, deux monuments commémoratifs de cet événement. Chacun porte un médaillon, l'un de l'Empereur Napoléon Ier, l'autre de l'Empereur Alexandre Ier, tous deux entourés de lauriers, avec l'inscription suivante en russe et en français : « *C'est ici que l'Empereur Napoléon et la Grande Armée ont franchi la Bérézina les 26, 27 et 28 novembre 1812.* »

Les Allemands ont parfois des goûts douteux, le dernier acte de Guillaume II, en est une preuve.

Le prince Henri de Prusse, qui est, à l'heure où j'écris ces lignes, en Amérique, a offert à la colonne allemande de Philadelphie un canon français pris en 1870 ; cette pièce servira à orner le monument élevé à la mémoire des soldats allemands morts en 1870. Si les Allemands avaient un peu de tact, ils comprendraient que les trophées de ce genre ne sont pas un article d'exportation.

La fête de l'Empereur Guillaume II a été célébrée cette année avec plus de faste que d'habitude. Metz, Strasbourg ne se sont pas associés aux hommages rendus au petit-fils du conquérant. Si les vaillantes populations placées sous le joug allemand avaient pu faire entendre leurs revendications légitimes, elles auraient dit au souverain, faites cesser cette dictature, abolissez l'inquisition dont nous souffrons, laissez exister l'emploi de la langue française. Ce réseau de lois d'exception nous serre encore beaucoup trop ; qu'on élargisse les mailles et qu'on nous donne un peu plus d'air et de liberté, le peuple d'Alsace-Lorraine demande à être traité avec plus de sollicitude.

La haine de race n'est pas prête de disparaître, car depuis Waterloo, elle n'a fait qu'augmenter. Le général Blücher — qui secourut le général Wellington en décidant l'issue douteuse de la bataille — était comme Bismarck et de Moltke un ennemi acharné de la France.

Une page d'histoire

Vous fêtez les anniversaires de vos victoires, Messieurs les Prussiens, et pour nous humilier, vous glorifiez Sedan et Metz.

Nous aussi nous pourrions célébrer les anniversaires de nos conquêtes et de nos victoires, ils sont plus nombreux et surtout plus glorieux que les vôtres.

Ayez au moins la pudeur de reconnaître qu'à Reischshoffen, Gravelotte, Bapaume, St-Privat, Toul, Rambervilliers, Bazeilles, Toul, Bitche et Châteaudun, vous n'avez rencontré que des héros dont la conduite exemplaire arracha ce cri d'admiration à votre vieux souverain Guillaume Ier, *Ah ! les braves gens !*

Les victoires remportées en Allemagne par les troupes françaises, vous les connaissez, puisqu'elles s'appellent : Eylau, Iéna, Friedland, Mayence, Landau, Aix-la-Chapelle, Kehl, Ulm, Munich, Erfurt, Leipzig, Magdebourg, Posen, Stettin, Glogau, Aüerstœdt, Nordlingen, Rosbach, Dirschau, Dantzig, Kœnigsberg, Dresde, Breslau, Tilsitt, Bautzen, Ratisbonne, Wachau, Hanau, Hunningue. En 1703, le maréchal de Villars prit votre Kehl.

Le 5 décembre 1795, le traité de Bâle avait cédé à la France la rive gauche du Rhin.

Le 24 octobre 1793, le général Souham prend Menin et bat les Allemands à Wilhem.

Votre fameux duc de Brunswick, chef des armées coalisées, fut vaincu à Valmy par Dumouriez et Kellermann, par Davout à Aüerstœdt et par Napoléon Ier à Saafeld. Le maréchal Daun vainquit votre Empereur Frédéric II à Hochlkirch.

Le 21 octobre 1792, Custine fit capituler Mayence. Beaurepaire préféra se tuer en 1792 plutôt que de vous rendre Verdun. Votre général Hotze battu à Werdt, le 22 décembre 1793, abandonne ses canons et ses caissons.

Le 20 octobre 1805, Ulm fortifié se rend aux Français.

Le 7 octobre 1806, Napoléon Ier à la tête des troupes françaises rentre dans Berlin. Le 10, le maréchal Lannes bat le prince Louis de Prusse à Saalfeld, le 14, victoire de Napoléon Ier à Iéna. Le 16, le prince Murat oblige la forteresse d'Erfurt à capituler et fait 14.000 prisonniers. Le 18, le maréchal Davout entre à Leipzig, et le même jour, Napoléon Ier remporte la bataille de Rosbach. Le 20, Murat et Lannes obligent le prince de Hohenloe à capituler à Prentzlow. Le 4 novembre 1806, entrée de l'armée française à Posen ; le 8, Magdebourg capitule avec 800 pièces de canons et un immense matériel de guerre. Le 2 décembre reddition de Glogau, Napoléon bat le général prussien Wilde à Hanau. Davout met en défaite l'armée prussienne à Auerstædt, Napoléon Ier est maître de toute la Prusse, et, le 13 décembre 1810, Hambourg est annexé à la France.

N'oubliez pas, Messieurs nos ennemis, que les armées françaises ont été victorieuses partout, en Allemagne, en Autriche, en Italie, en Belgique, en Espagne, en Hollande, en Crimée, en Chine, au Mexique, au Tonkin, dans l'Annam, au Cambodge, en Afrique, en Egypte, au Congo, au Dahomey et à Madagascar.

Les victoires remportées par les troupes françaises sont nombreuses, les plus éclatantes sont celles de Rocroi, Denain, Fontenoy, Lodi, Valmy, Arcole, Rivoli, Austerlitz, Marengo, Eylau, Essling, Wagram, Magenta, Solférino, Palestro, Champaubert, Malakoff Sébastopol, Brienne, Montmirail, Arcis-sur-Aube, Trocadéro, Fleurus, Inkermann, Tuhen-Quan, Mazagran, Son-Tay, etc., etc.

Les 58 batailles gagnées par les armées de la première Révolution et les 182 victoires remportées par Napoléon Ier, restent inscrites sur le livre d'or des gloires militaires de la France. Cette pléiade de généraux du premier Empire a illustré la France. Napoléon en choisit une partie pour faire sa campagne d'Egypte.

L'armée française planta ses tentes sur le

sol de Thèbes. L'antique terre des Pharaons tressaillit sous le pas de charge des grenadiers de Bonaparte apportant à ces populations opprimées, dans les plis du drapeau tricolore, la justice et la liberté.

N'est-ce pas cette admirable phalange de généraux qui est allée jusqu'en Orient porter notre civilisation. Napoléon avec son génie prompt et ses décisions justes avait su s'entourer d'hommes de valeur, qui lui étaient dévoués.

Les Allemands vantent leurs généraux, mais ils oublient de dire que les principaux ne sont pas d'origine allemande, en voici la preuve :

De Moltke était danois ; Caprivi est d'origine italienne, Bismarck était de race... slave, Verdy-du-Vernois, votre ancien ministre de la guerre, Bronsart et Schellendorf, vos meilleurs généraux de colonnes, de Boyer, de Colomb, de Collas, Girod de Gauvrey, Gabriel, de Gelieu, de Loncadon, de Jarry, de Bonnin, Borel de Berney, de la Roche, de Ruville, d'Orville, Vallet de Barres, de Perponcher, de Retz, etc., sont d'origine française, ainsi que de François, le premier général prussien qui fut tué à Spickeren.

A nous les marins illustres tels que Jean-Bart, Duguay-Trouin, Duquesne, Tourville, Surcouf, Bruat, Suffren, La Pérouse, Villaret de Joyeuse, Dumont d'Urville, La Bourdonnais, La Galissonnière, le duc d'Estrée, Vauban, le comte de Reille, le duc de Castiglione, le duc de Luxembourg, le marquis de la Jonquière, le comte d'Estaing, de Coligny, Duguesclin, de Gueydon, de Tinan, de Mackau, Lebarbier, Bouët-Wuillaumez, Roussin, Hamelin, Baudin, Parseval, Deschenes, Sussée, Desfossés, Rigault de Genouilly, Jurien de la Gravière, Jaurès, Garnault, Jauréguibéry, Pothuau, Peyron et Courbet.

A nous aussi, les soldats héroïques qui se sont distingués sur les champs de bataille, tels que les maréchaux Turenne, de Beauharnais, comte de Löwendal, François de la Feuillade, de Catinat, de Coigny, comte de Rochambeau, de Villars, de Boufflers, le

duc de Benvick, Gouvion Saint Cyr, duc de
Montmorency, Kellermann, duc de Valmy,
de Lamark, Molitor, de Toiras, de Montes-
quiou, le prince de Joinville, d'Estrées, Lannes, duc de Montebello, de Crequy, de Bro-
glie, Brissac, Excelmans, marquis de Saxe,
Henri II de Montmorency, de Beauharnais,
duc de Nemours, Saint-Amand, Augereau,
duc de Marmont, Pérignon, de Raguse,
prince de Soubise, prince Murat, Mortier,
duc de Trévise, Fouquet de Belle-Isle, comte
de Lauriston, duc d'Angoulême, duc d'Or-
léans, Vallée, prince Murat, Clausel, Oudinot, Canrobert, Niel, Mac-Mahon, duc de
Magenta, Pélissier, duc de Malakoff, de
Matignon, Oudinot, duc de Reggio, Bosquet,
comte Gérard-Lelièvre, Castellane.

A nous les généraux célèbres qui s'appellent : Crillon, Beurnouville, Vauban, Carnot,
Dunois, Cambronne, Moncey, Berthier,
Drouot, Marmont, Vandamme, Mortier, duc
de Trévise, Bayard, le chevalier sans peur
et sans reproche, Brune, Catinat, Dagobert,

Saint-Hilaire, Davout, duc d'Auerstædt, Moreau, Dugommier, Pichegru, Lefebvre, Morlot, Bonnaud, Belliard, Junot, duc d'Abrantès, Jourdan, Valhubert, Dupont, Ménard, Robillot, Victor, Macdonald, Broussier, Lamarque, Pajol, Claparède, Legrand, Marulaz, Suchet, Delor, Dubreton, Schneider, Berthézène, Clouet, Lahitte, Haxo, Trézel, Schraman, Morand, de Brancion, Renault, Denfert-Rochereau, d'Aurelles de Paladines, Faidherbe, Palikao, Jeanningros, Rampon, Dumas, Reynier, Androssy, Verdier, Moucheton, de Schéser, Stengel, Richepanse, Doutrelaine, comte de Nansouty, Masséna, prince d'Esling, Soult, duc de Dalmatie, Dupleix, Desaix, Hoche, général à 23 ans, Marceau, général à 24 ans, Joubert, La Fayette, Rochambeau, Eugène de Savoie, Desmichels, Klébert, Vaubois, La Tour d'Auvergne, Bessières, duc d'Istrie, Bugeaud, Deligny, Augereau, duc de Castiglione, Le Flô, Appert, Vinoy, Daumesnil, qui défendit si glorieusement le fort de Vincennes en 1814, Latour-Maubourg, Championnet, Duvivier, Duval, Savary, duc de Rovigo, Marescot, d'Hautpoul, Duphot, Lépic, Lassalle, Chasseloup-Laubat, vicomte de Beauharnais, Duhesme, du Bellay, Dubois, Dejean, prince Eugène, Daru, Jacquinot, comte Roguet, marquis de Dompierre, Curial, duc de Vendôme, Édouard Colbert, Valée de Wimpfen, Osten, prince de Condé, comte de Clermont, Clinchant, de Gerbrois, Daumas, duc de Charties, d'Harville, Anselme, Custine, La Marlière, Champmorin, Houchard, d'Arcon, Jourdan, Labarre, Souham, Marcel-Dumas, Lamartinière, d'Aoust, Duroc, E. de Beauharnais, Bertrand, Lagrange, Finant, Leclerc, Dugua, Caffarelli, Appert, Changarnier, de Miribel, Galiéni, Chanzy, de Fourilles, Ordener, Lamy, Rivière et Marchand.

Les noms de tous ces braves sont inscrits dans le livre d'or des gloires militaires de la France.

A nous encore le plus merveilleux écrin de

gloire dans lequel un peuple puisse contempler le travail de ses ancêtres, l'effort de son génie.

Les Héroïnes de la France

La France a eu ses héroïnes. Jeanne d'Arc donna le plus éclatant exemple du vrai courage et du patriotisme le plus pur. Sa foi inébranlable, sa piété mystérieuse, son humilité de mœurs, son intrépide vertu, son bon sens supérieur, sa pureté d'âme, la noblesse de ses actes, ses fermes résolutions et l'héroïsme élevé de ses sentiments déconcertèrent ses ennemis.

Les malheurs et la désolation de la France avaient allumé dans le cœur fervent de Jeanne un feu que la solitude de sa vie, ses profonds sentiments de religion, ont fait éclater en une sainte flamme.

Belle et terrible elle porta la bannière de la Vierge devant les armées qui envahissaient son pays, marchant dans la force d'une âme transportée, irrésistible par la foi.

Jeanne d'Arc sut concentrer toutes les forces dispersées de la France, pour les faire servir à sa délivrance.

C'était une tâche sublime qu'elle avait entreprise ; rien de moins que la réunion d'une nation divisée en deux parts par un vaste gouffre de maux et d'inimitiés, que la perfide Angleterre avait tout intérêt de maintenir ouvert.

Les pensées, les espérances de Jeanne réalisaient par avance l'issue de la tâche qui lui était dévolue.

La plus grande des patriotes était magnanime, dévouée au roi Charles VII et à la France. Son âme était exempte des craintes et des défiances de ceux qui étaient appelés à la servir, sa philosophie ne discernait pas à quelles tortueuses menées, à quelles lâches hypocrisies elle se heurterait pour accomplir ses desseins. Elle ne pouvait concevoir l'ignoble ingratitude qui l'abandonnerait après ses succès. Elle poursuivit son but sans défaillance pour accomplir sa glorieuse mission. Par son imagination subtile et pénétrante, elle sentait que dans les cœurs les plus insouciants comme les plus durs des hommes, subsiste secrètement une étincelle de patriotisme qui peut s'enflammer en face du danger et de la mort.

Jeanne d'Arc excita le courage de sa troupe par sa généreuse bienveillance, elle sentait dans son âme quel puissant levier est une passion humaine à son plus haut point d'exaltation, elle marcha résolument de l'avant, parce que l'amour de son pays était son inspiration.

Jeanne avait enflammé ses combattants de cet amour; un courage intrépide était sa sorcellerie, et ils l'avaient partagé; la confiance en Dieu était sa force, et elle la leur avait communiquée.

Avec elle dans la ferveur de leur enthousiasme, ils étaient prêts à tout endurer, à tout souffrir, dans l'espérance assurée du succès.

Au milieu de son triomphe, Jeanne resta la douce paysanne de Domrémy que nous connaissons.

Rien de plus admirable que la manière dont elle sut conserver sa pureté au milieu de ses soldats ; c'est dans un sentiment de décence et de convenance qu'elle crut devoir s'habiller en homme, pour faire la campagne contre les ennemis de la France.

La gloire de ce qu'elle avait accompli fut oubliée.

Le châtiment infligé par les Anglais qui la brûlèrent à Rouen en 1431, fut un outrage à la religion, à la vertu, à l'humanité.

Jeanne fut stoïque sur le bûcher. Sa conscience d'avoir bien travaillé pour la France arma son courage, aucune des victoires qu'elle remporta sur les maudits Anglais ne fut plus triomphale que son martyre.

Pendant que ses bourreaux, satisfaits du crime horrible qu'ils venaient de commettre, remuaient les dernières cendres que les flammes venaient de dévorer, un soldat anglais s'écria : « Nous sommes perdus ! nous avons brûlé une sainte ».

Ainsi s'accomplit le plus monstrueux des assassinats, crime qui fit rougir le ciel, et c'est dans une rage aveugle que fut semé au vent tout ce qui restait de la poussière bénie de Celle qui incarnait à un si haut degré l'image de la Patrie.

Après la France, le Danemark, l'Espagne ont été victimes de l'Angleterre. Les Indes, l'Australie, l'Irlande, l'Egypte, le Canada et Malte, subissent sa tyrannie. En ce moment elle opère au Transvaal, grâce à la complicité des nations mortes, qui laissent accomplir le plus lâche des attentats aux droits des peuples.

L'Angleterre est le bourreau de l'humanité !

Le règne des martyres finit dans un éclat de glorieuse lumière. Jeanne d'Arc inaugura la croisade du patriotisme pour la liberté et le droit de l'indépendance nationale.

Jeanne n'a jamais failli dans tout ce qu'elle a fait. Une femme qui, sans forfanterie, efface tous les privilèges les plus précieux de son sexe, et renonce à sa vie calme et douce, pour revêtir tous les caractères de la hardiesse, qui achève par de grands exploits, le salut de son pays réduit au désespoir, alors que ses fils sont impuissants à le sauver, est le joyau unique du diadème de la gloire féminine.

Par la sublimité de ses actes, cette vierge restera le plus merveilleux, le plus complet personnage de toute l'histoire du monde. Ses desseins purs lui donnent droit dans tous les âges au titre de Patriote et de Libératrice.

Jeanne possédait deux charmes de la grâce féminine, la majesté terrible d'une prophétesse, et le courage d'une victime destinée à mourir pour son pays.

La splendeur céleste qui illumina sa vie et sa mort glorieuse, fit naître en sa faveur une admiration universelle.

Elle fut femme en même temps qu'héroïne,

sa courte vie si pleine d'action et de passion commença dans la gloire pour finir dans la souffrance.

Après son expiation ses espérances se réalisèrent, les féroces Anglais furent chassés de Calais en 1558, et après une guerre de cent ans, la France était enfin délivrée du plus terrible de ses ennemis.

Geneviève, la patronne de Paris, sauva Lutèce des fureurs d'Attila, Jeanne Hachette défendit Beauvais — sa ville natale — assiégée par Charles le Téméraire.

Quatre vaillantes femmes furent décorées pour faits de guerre, Mlle Juliette Dodu, dont l'héroïsme pendant la guerre de 1870-1871 fut au-dessus de tout éloge, puis Mmes Jarrethout, Frary-Gros et de Rosthorn.

Parmi les femmes qui portent sur la poitrine l'étoile des braves, trois sont alsaciennes: Mme Kœchlin-Schwartz, Mme Wenthworth et Mme Rosthorn.

Honneur à l'Alsace-Lorraine cité des braves!

La France a inscrit sur son livre d'or les noms des cités qui se distingèrent par leur défense héroïque. Les villes autorisées à faire figurer dans leurs armoiries la croix d'honneur sont : Paris, Lille, Valenciennes, Saint-Quentin, Dijon, Belfort, Châteaudun, Rambervilliers, Cambrai, Bitche, Chalon et Bazeilles.

L'ordre de la Légion d'Honneur fut institué par Napoléon 1er pour récompenser la gloire militaire. Le 16 août 1804, Bonaparte distribua, sur la plage de Boulogne, les premières croix aux héros de la Grande armée qui avaient bien mérité de la Patrie.

LA CAPITULATION DE PARIS

Ainsi les nations les plus grandes chavirent !
C'est à l'avortement que tes travaux servirent,
O peuple ! et tu dis : Quoi ! pour cela nous restions
Debout toute la nuit sur les hauts bastions !
C'est pour cela qu'on fut brave, altier, invincible,
Et que, la Prusse étant la flèche, on fut la cible ;
C'est pour cela qu'on fut héros, qu'on fut martyr ;
C'est pour cela qu'on a combattu plus que Tyr,

Plus que Sagonte, plus que Byzance et Corinthe ;
C'est pour cela qu'on a cinq mois subi l'étreinte
De ces Teutons furtifs, noirs, ayant dans les yeux
La sinistre stupeur des bois mystérieux !
C'est pour cela qu'on a lutté, creusé des mines,
Rompu des ponts, bravé la peste et les famines,
Fait des fossés, planté des pieux, bâti des forts,
France, et qu'on a rempli de la gerbe des morts
Le tombeau, cette grange obscure des batailles !
C'est pour cela qu'on a vécu sous les mitrailles !
Cieux profonds ! après tant d'épreuves, après tant
D'efforts du grand Paris, sanglant, broyé, content,
Après l'auguste espoir, après l'immense attente
De la cité superbe à vaincre haletante,
Qui semblait, se ruant sur les canons d'airain,
Et d'éviter l'écueil, la chute, le récif,
Si cet humble petit marcheur, morne et poussif,
Rêveur comme la taupe, utile comme l'âne,
Ne complétait l'énorme attelage qui plane !
Quoi ! dans l'heure où la France est en péril, ayant
Pour tirer hors des flots le quadrige effrayant,
Les quatre esprits géants qui brisent tous les voiles,
Monstres dont la crinière est mêlée aux étoiles
Et que suit, essoufflé, l'essaim des aquilons,
Nous disons : Ce n'est pas assez ! et nous voulons
Un renfort, et, voyant le précipice immense,
Voyant l'ombre qu'il faut franchir, notre démence,
Devant le noir nadir et le zénith vermeil,
Ajoute un chien d'aveugle aux chevaux du soleil !

Victor Hugo.

L'entrée de Napoléon Ier et des troupes françaises à Berlin

Le 7 octobre 1806, Napoléon Ier, ayant reçu du roi de Prusse un ultimatum insolent, mit l'armée française en mouvement. Le 14, il écrasait les Prussiens à Iéna, tandis que le maréchal Davout, avec le 3e corps, les culbutait à Auërstædt. Pour récompenser le 3e corps de sa brillante conduite et de son héroïsme sur le champ de bataille, Napoléon décida qu'il entrerait le premier à Berlin. Le maréchal Lannes, qui commandait le 5e corps, avait, dès le 24 octobre, envoyé un escadron de hussards et quelques-uns de ses aides de camp pour annoncer l'entrée de Napoléon Ier.

Le 25, le prince Hatzfeld, chef de la municipalité, et les notables berlinois offrirent les clefs au maréchal Davout qui les rendit afin qu'elles fussent remises à Napoléon. La glorieuse armée traversa Berlin. Davout établit son quartier général à Friedrichsfeld. Le 27 octobre, Napoléon, de Postdam, fit son entrée solennelle dans la capitale par la porte de Brandebourg ; il apparut dans les rues de Berlin, à cheval, au milieu de sa garde, des cuirassiers ayant à leur tête, les généraux d'Hautpoul et de Nansouty, accompagnés de Berthier, major général, des maréchaux Davout, Augereau, Duroc, et des aides de camp. L'entrée fut triomphale ; tous les notables, les corps constitués, les représentants de la haute bourgeoisie berlinoise, vinrent à la rencontre de Napoléon pour lui offrir les clefs de la ville, l'assurant de leur soumission et de leur respect. Non seulement la plus grande tranquillité ne cessa de régner, mais une foule considérable circulait dans les rues pour saluer les soldats français. *Voici le récit d'un témoin allemand* :

« Je vis sourire Napoléon lorsque ses yeux s'arrêtèrent sur un groupe de Berlinois qui mêlaient leurs acclamations à celles des Français ; les bourgeois étaient à leurs fenêtres, les boutiques ouvertes. Dans la soirée il y eut des Allemands qui illuminèrent ».

Le soir, les théâtres jouèrent. Napoléon Ier s'installa au palais du Roi avec autant de sécurité que s'il s'était trouvé en France ; il reçut la visite de tous les hauts fonctionnaires qu'il accueillit avec bienveillance. Ces hommes respectaient le vainqueur qui, en quatre semaines, avait complètement écrasé leur pays. Napoléon Ier donna des ordres pour que tout se passât régulièrement. Les habitants logèrent 40.000 hommes, ils furent tellement satisfaits de la bonté et de la douceur des soldats français qu'ils s'évertuèrent à leur fournir abondamment tout ce qui était nécessaire à leur existence. Pas un cri ne vint troubler la tranquillité des rues. C'est pour perpétuer le souvenir des victoires de 1806 et de son entrée triomphale à Berlin que Napoléon Ier ordonna d'élever un temple de la Gloire destiné à recevoir les drapeaux conquis à l'ennemi. Ce temple, détourné de sa destination première, est devenu l'église de la Madeleine. Par un décret du 18 février 1806 Napoléon avait déjà prescrit la construction de l'Arc de Triomphe.

Il y a un contraste significatif entre l'entrée de Napoléon Ier à Berlin, qui se fit sans tristesse, au milieu d'un calme parfait, et celle de Guillaume Ier à Paris, en 1871, qui ne fut que deuil et épouvante ; on sentait la force brutale. Les Prussiens n'ont pas à s'en enorgueillir.

Bonaparte avait emporté de Berlin, comme souvenir, la queue de billard qui servait à Frédéric le Grand, et le char de la victoire qui décorait la porte Brandebourg.

Blücher reprit à Paris, en 1814, ces deux pièces, et fit replacer le char de la victoire sur la porte Brandebourg.

Il est utile de faire remarquer que Napoléon Ier, pendant son séjour à Berlin, respecta les œuvres d'art et les tableaux renfermés dans les Musées. Il n'en fut pas de même lorsque les Prussiens vinrent en France, en 1814. Blücher vola au Musée du Louvre plusieurs belles toiles de David, ainsi que des objets d'art.

Après avoir volé les tableaux du Musée du Louvre, le général Blücher voulut détruire le pont d'Iéna. Napoléon Ier qui voulait célébrer sa victoire d'Iéna, décréta de Varsovie, en 1807, la construction d'un pont qui porterait ce nom.

Commencé en 1808 par Lamandé, il ne fut achevé qu'en 1815. Moins d'une année après il faillit disparaître. Blücher, chef des alliés, offusqué par le nom d'Iéna qui lui rappelait la sanglante défaite des troupes allemandes, donna l'ordre de faire sauter le pont. Ce fut pour Louis XVIII l'occasion d'un beau trait de courage ; il décida de se faire transporter sur le pont menacé, et Blücher recula devant son vandalisme. Ainsi fut sauvée cette œuvre d'art.

En 1871, les plans en relief de nos forteresses, les cartes de notre État-Major, furent volés sur l'ordre de Bismarck.

Nous n'oublierons jamais les actes de férocité que les soldats allemands commirent pendant la guerre néfaste de 1870. Non contents de voler nos pendules, ils se livraient au pillage des maisons, incendiaient les villages, fusillaient arbitrairement les paysans, et violaient les femmes. Tout ce que peut inventer la licence effrénée du soldat lorsque rien n'arrête sa fureur fut fait, tout ce que la cruauté peut inspirer à des hordes de sauvages, fut commis par la soldatesque allemande. La liste des victimes innocentes qui tombèrent sous les balles prussiennes est trop longue pour être reproduite ici.

A Châteaudun, la conduite des Allemands fut ignoble; après avoir incendié la ville ils fusillèrent des habitants pour terroriser ceux qui défendaient leur patrie et leur sol.

Bazeilles, immortalisé par le peintre de Neuville, sous le nom des dernières cartouches, mérite une mention spéciale dans cet ouvrage.

Bazeilles, dont la défense fut si héroïque, a été le théâtre d'un grand drame militaire. Repris trois fois par les soldats français, il tomba au pouvoir des Allemands après une lutte acharnée qui dura sept heures. Les soldats ennemis munis de torches incendièrent le village, 400 maisons sur 423, devinrent la proie des flammes, 43 habitants furent fusillés, les pertes matérielles s'élevèrent à 5 millions !

Dans la défense de Bazeilles, la division de Vassoignes perdit 32 officiers tués, 70 blessés, 2.556 sous-officiers et soldats. Les Allemands laissèrent 4.000 morts et blessés, la moitié de la perte qu'ils firent à la bataille de Sedan.

Je me souviens que la guerre a été déclarée le mardi 15 juillet 1870, car huit jours après je m'engageai comme volontaire voulant défendre mon pays et partager l'infortune de mes camarades de collège. Napoléon III a remis son épée aux Allemands le 3 septembre, après le désastre de Sedan.

Le siège de Paris a commencé le 19 septembre. Strasbourg bombardé, brûlé, épuisé, a capitulé le 1er octobre avec Toul, Metz, le 27. Le bombardement de Paris a commencé le 27 décembre et la capitulation a eu lieu le 27 janvier 1871. Voilà le bilan de ces dates funestes, tristes souvenirs !

Après la guerre les industriels et les commerçants avaient compris qu'ils ne devaient plus employer d'Allemands, qu'ils n'achèteraient plus de produits allemands.

Pensée louable, inspirée au début, par la situation qui était faite à la France par le traité de Francfort, mais qui n'a jamais été mise en pratique. La ligue anti-allemande a été dissoute avant d'être formée. La statistique démontre que le nombre d'Allemands à Paris a triplé depuis 1871.

La France vaincue à Sedan se dresse digne et fière devant ses ennemis ; du haut de son passé d'honneur et de gloire, son armée admirée à Bétheny par son impérial allié, attend avec confiance l'heure de la revanche fixée par le destin. Elle ne songe qu'à la tâche que lui ont léguée les anciens, et rien ne saurait la détourner de son but.

Disciplinée, silencieuse et résolue, elle continue son labeur, décidée à résister à toutes les attaques des sans-patrie qui osent l'insulter.

La France, l'honneur, ces deux prodiges, ces deux prestiges, ces deux credos, les armées françaises, le génie français, les ont gravés en traits immortels sur toute la surface du globe.

Nous voulons l'armée forte, disciplinée et respectée par tous. Nous ne laisserons pas ternir le drapeau tissé de gloires que nous ont légué nos aïeux.

La France de Jeanne d'Arc, de Jeanne Hachette, des Courbet, des Rivière, des Chanzy, des Marchand, est une nation nécessaire à l'Europe.

Elle est nécessaire par l'ardent foyer de civilisation, d'art, de sciences, de littérature que, constamment, elle dégage et dont elle illumine le monde entier. La France a toujours survécu à ses revers; c'est pourquoi malgré ses ennemis, elle a repris sa marche en avant, car son génie pèse d'un poids trop lourd dans les balances de l'Europe. En plusieurs circonstances mémorables, la France, dont la fortune est évaluée à 230 milliards ! a su tenir tête à l'Europe entière. Dix fois, dans le cours de son existence, notre pays s'est vu en périlleuse situation, pour des causes politiques et sociales, inhérentes à l'impressionnabilité, à la mobilité de son peuple; envahi, désagrégé, prêt à sombrer, toujours il s'est ressaisi, et comme le géant Antée qui reprenait ses forces en touchant la terre du talon, le peuple de France en frappant du pied le vieux sol gaulois, en faisait surgir tant d'héroïsme et de dévouement, qu'il triomphait de ses ennemis.

LA FRANCE ABANDONNÉE

Personne pour toi. Tous sont d'accord.. Celui-ci,
Nommé Gladstone, dit à tes bourreaux : merci !
Cet autre, nommé Grant, te conspue, et cet autre,
Nommé Bancroft, t'outrage; ici c'est un apôtre,
Là c'est un soldat, là c'est un juge, un tribun,
Un prêtre, l'un du nord, l'autre du sud; pas un
Que ton sang, à grands flots versé, ne satisfasse,
Pas un qui sur ta croix ne te crache à la face.
Hélas ! qu'as-tu donc fait aux nations ? Tu vins
Vers celles qui pleuraient, avec ces mots divins :
Joie et paix ! — Tu criais : — Espérance ! allégresse !

Sois puissante, Amérique, et toi sois libre, ô Grèce !
L'Italie était grande ; elle doit l'être encor.
Je le veux ! — Tu donnas à celle-ci ton or,
A celle-là ton sang, à toutes la lumière.
Tu défendis le droit des hommes, coutumière
De tous les dévouements et de tous les devoirs.
Comme le bœuf revient repu des abreuvoirs,
Les hommes sont rentrés pas à pas à l'étable
Rassasiés de toi, grande sœur redoutable,
De toi qui protégeas, de toi qui combattis.
Ah ! se montrer ingrats, c'est se prouver petits.
N'importe ! pas un d'eux ne te connaît. Leur foule
T'a huée, à cette heure où la grandeur s'écroule,
Riant de chaque coup de marteau qui tombait
Sur toi, nue et sanglante et clouée au gibet.
Leur pitié plaint tes fils que la fortune amère
Condamne à la rougeur de t'avouer pour mère.
Tu ne peux pas mourir, c'est le regret qu'on a.
Tu penches dans la nuit ton front qui rayonna
L'aigle de l'ombre est là qui te mange le foie ;
C'est à qui reniera la vaincue ; et la joie
Des rois pillards, pareils aux bandits des Adrets
Charme l'Europe et plaît au monde. — Ah ! je voudrais,
Je voudrais n'être pas Français pour pouvoir dire
Que je te choisis, France, et que, dans ton martyre
Je te proclame, toi que ronge le vautour,
Ma patrie et ma gloire et mon unique amour !

Victor Hugo.

La Paix armée

L'Alsace-Lorraine sera toujours l'abîme qui séparera les Français et les Allemands. En attendant que ce nœud gordien soit tranché, soit par les armes, ou par la diplomatie, les deux nations épuisent leurs forces, diminuent leur vitalité dans l'entretien perpétuel d'armées colossales. Les budgets de la guerre des puissances continentales en sont la meilleure preuve.

Depuis 1865 la politique de Bismarck a coûté à l'Europe 45 milliards de francs, n'est-ce pas effrayant !

Et dans ce total, ne figurent pas les ravages économiques de toute nature que les guerres de 1866 et de 1870-1871 ont causé, ainsi que la perte que subit la productivité nationale, chaque fois qu'un homme est enlevé à l'industrie, ou à l'agriculture pour être incorporé dans les régiments. La politique du chancelier de fer a donc en réalité coûté à l'Europe plus de 4 milliards de francs par année !

Coût de l'entretien des armées de terre et de mer de la Triplice.

Allemagne.	791.250.000 fr.
Autriche.	325.000.000 »
Italie.	343.750.000 »

Pour la Duplice

Russie.	995.000.000 fr.
France.	929.750.000 »

Effectifs des armées en temps de paix

Allemagne.	614.000 hom.
Autriche	390.000 »
Italie	275.000 »
Russie	930.000 »
France	650.000 »

Effectifs en temps de guerre

Allemagne	3.824.820 hom.
Autriche.	3.300.000 »
Italie.	2.750.000 »
Russie	5.100.000 »
France.	4.372.000 »

Nombre de bouches à feu

Allemagne	5.950
Autriche	3.980
Italie	4.230
Russie	5.658
France	8.156

Il résulte de ces chiffres, que si une guerre éclatait entre la Triplice et la Duplice, les trois puissances alliées pourraient mettre en ligne des armées se composant de : 9.879.820 hommes et de 14.160 bouches à feu, tandis que la Duplice pour lutter contre ses adversaires mettrait en ligne : 9.472.000 hommes et 13.814 bouches à feu.

Soit au total : 19.351.820 hommes et 27.974 canons.

C'est effrayant de penser au carnage que produirait une telle conflagration.

La France d'autrefois

Le XIXe siècle a commencé par un budget de 836 millions, celui du XXe a été de 4 030 millions, soit cinq fois plus !

En 1801, la France s'étendait de l'Océan à l'Adige, et des Pyrénées au Rhin. Elle formait 108 départements, dont le département de la Dyle, chef-lieu Bruxelles ; le département de l'Eridan, chef-lieu Turin ; le département Leman, chef-lieu Genève ; le département du Mont-Tonnerre, chef-lieu Mayence ; le département de la Roër, chef-lieu Aix-la-Chapelle. La France avait à cette époque 35 millions d'habitants, la Russie, 36, l'Autriche 22, l'Angleterre 12, et la Prusse, notre ennemie, que 8 millions d'habitants.

Aux frontières de la France était l'Espagne qui d'ennemie était devenue alliée ; les Républiques batave, helvétique, cisalpine, ligurienne, ses avant-postes vis-à-vis de l'Europe monarchique, enfin l'Allemagne morcelée en plus de vingt principautés, duchés et électorats, était une mosaïque sans cohésion et sans force. Et la moitié de l'Italie était à nous. Aujourd'hui nous n'avons même plus l'Alsace et la Lorraine. En 1801, le budget du vaste Empire, qu'était la France, n'était que de

915 millions, celui de 1811, de 1.309 millions. De 1890 à 1901, le budget a passé de 3.446 millions à 4.030 millions.

On allègue, pour expliquer cet accroissement les expéditions coloniales. Mais que sont-elles à côté des guerres de géants qui promenèrent, de 1804 à 1811, le drapeau tricolore sur le monde ébloui ?

Au cours de cette période épique, le budget ne grossit que de 384 millions. On avait à ce moment-là, un peu plus de victoires pour moins d'argent. De Marengo à 1815, c'est-à-dire pendant 15 années de batailles, la France dépensa infiniment moins qu'aujourd'hui en quatre ans de paix. Et la même feuille de contributions servait pour 108 départements, de Bayonne à Amsterdam, d'Anvers à la voie Appienne, de Brest à Aix-la-Chapelle.

L'Alsace-Lorraine et l'Alliance franco-russe

Si nous sommes partisans de l'Alliance franco-russe, que nous considérons comme notre sauvegarde, c'est parce que nous possédons le sentiment de la reconnaissance.

L'histoire nous dit que le tzar Alexandre Ier, en 1814, s'opposa énergiquement au démembrement de la France demandé par les alliés.

Nous nous souvenons qu'en 1875, une nouvelle guerre avec l'Allemagne fut évitée, grâce à l'intervention du tzar Alexandre II.

En 1875, comme déjà en 1873 et en 1874, le parti militaire allemand voulait la guerre. L'Allemagne n'admettait pas que la France réorganisât son armée. Le général Le Flô, notre ambassadeur à Saint-Pétersbourg, qui était venu passer son congé à Paris repartit précipitamment pour rejoindre son poste en Russie. Il reçut la visite du prince Gortschakoff, qui le mit au courant des velléités de Bismarck. Le tzar Alexandre II dit au général Le Flô :

« *Ne vous alarmez pas, général ; rassurez votre Gouvernement. Dites-lui que nos relations resteront toujours ce qu'elles sont au-*

jourd'hui, sincères et cordiales. Les intérêts de nos deux pays sont communs; et si vous étiez un jour sérieusement menacés, c'est par moi que vous l'apprendriez ».

Les paroles réconfortantes de l'Empereur furent très agréables au Gouvernement français. Le duc Decazes en fut particulièrement heureux. La France n'était pas encore prête à combattre et se trouvait en face d'un adversaire redoutable, violent, dont le seul but était de nous arrêter dans notre œuvre de réorganisation, et de paralyser nos forces dans l'avenir. Grâce à l'intervention du magnanime empereur Alexandre II qui fit entendre sa voix à Berlin, la France ne fut pas attaquée.

Au mois d'avril 1887, une audacieuse violation du droit des gens remplit l'Europe d'indignation et de stupeur. M. Schnœbelé, fonctionnaire français, était traîtreusement attiré en Alsace-Lorraine par les Allemands, molesté et incarcéré.

L'Allemagne voyait avec inquiétude les

efforts incessants accomplis par la France pour arriver à reprendre sa place autorisée dans le concert des nations. C'est pourquoi, Bismarck cherchait par tous les moyens possibles une occasion de nous déclarer la guerre. L'affaire Schnœbelé servit de prétexte à cette querelle d'Allemand.

Ces nouvelles manœuvres déloyales de l'Allemagne décidèrent le tzar Alexandre III à mettre son épée du côté de la France.

A la diplomatie qui lui proposait des transactions amiables avec l'Allemagne, il répondait :

« *Rien à obtenir de moi, tant que Metz et Strasbourg seront allemands !* »

Aux provocations de l'Allemagne, il répondait à Guillaume II :

« *Si vous vous appelez Sedan, je me nomme Cronstadt, je suis fier d'avoir — le premier — tendu la main à la France ; je salue son épée malheureuse, mais vaillante* ».

Le tzar Alexandre III, le Bienfaiteur, était simple dans sa majesté, juste dans sa grandeur.

Voilà pourquoi les Français, pour qui le patriotisme n'est pas un vain mot, gardent au magnanime tzar Alexandre III et à son auguste épouse, l'impératrice Marie-Féodorovna, une reconnaissance infinie.

Par les cruelles leçons du passé, nous pouvons mesurer la profondeur de l'abîme où nous étions tombés, la chance du relèvement nous était ouverte; pouvions-nous la laisser échapper? C'est à vous que je m'adresse cher Monsieur Sansbœuf.

Je connais votre patriotisme ardent, votre amour pour la France, votre loyalisme, et votre appréciation juste.

C'est pourquoi je vous dis, oui, nous avions besoin de l'alliance avec la Russie, parce qu'elle était nécessaire à notre vie politique, à notre sécurité, à l'équilibre européen, et aussi au développement pacifique de la France.

Nous ne pouvions pas rester dans l'isolement. Rappelez-vous notre abandon en 1871, Thiers allant implorer des secours, crier à l'aide aux nations. La Russie elle-même est restée neutre ! nous avons été abandonnés à notre malheureux sort, et cependant l'intervention d'une puissance eût sauvé la France. L'égoïste Angleterre — que nous avions aidée en Crimée — nous a délaissé et la France a été abandonnée à la merci d'un ennemi implacable.

Il y a bien longtemps que l'alliance entre la France et la Russie était recherchée par la diplomatie. Dès 1853, le duc de Morny s'y employa. En 1856, après la guerre de Crimée, Napoléon III écouta avec bienveillance les conseils du duc de Morny qui voulait le rapprochement de la France et de la Russie. Le prince Gortschakoff fut un puissant auxiliaire pour le duc de Morny ; mais malheureusement Napoléon III était anglophile ; il sacrifia la Russie pour l'Angleterre, et l'on sait ce que nous coûta la fausse amitié de nos voisins d'Outre-Manche.

La double alliance née de l'amour de la paix, a permis à la France de respirer dans la limite de ses frontières, de compléter ses armements, et d'avoir fait disparaître le cauchemar de l'isolement, en face de coalitions armées jusqu'aux dents.

La blessure de l'année terrible ne s'est pas pour cela cicatrisée ! La France n'a pas renoncé à ses espoirs, ni dit amen à ses revendications, le suprême adieu n'a pas été dit à nos deux chères provinces. Donc espoir et patience...

En mettant leurs mains dans la main encore mutilée et sanglante de la grande vaincue de 1870, les tzars de Russie ont donné une consécration nouvelle à une éternelle vérité de l'histoire. Ils nous ont dit généreusement : « *La défaite ne flétrit que ceux qui s'abandonnent. Elle ne déshonore que ceux qui oublient. Elle n'abaisse que ceux qui renoncent* ». Nous n'aurions jamais eu cette estime, cette amitié, cet appui, si nous avions, comme d'autres peuples l'ont fait, oublié et renoncé. Pour les Français restés fidèles au culte de l'honneur national, fermes dans leurs revendications et confiants dans le cœur de la France, la justification éclatante est venue. Les grandes péripéties de l'histoire ne se déroulent pas toujours dans le choc des passions furieuses et dans la sanglante fumée des champs de bataille. La destinée des peuples tient parfois dans une poignée de main, la nôtre a tenue à la sollicitude des tzars Alexandre II et III, envers la France.

C'est pourquoi je dis : Alsaciens-Lorrains, ne l'oubliez pas.

L'alliance franco-russe, c'est la paix mise dans les deux plateaux de la balance européenne, c'est la certitude que les droits et les libertés sont désormais placés sous la sauvegarde de deux grands peuples, et que l'on ne pourra plus braver, inquiéter l'un sans armer immédiatement le bras de l'autre.

C'est cela en effet..., c'est tout..., mais c'est quelque chose. Non, le passé n'est pas consacré. Non, l'avenir n'est pas barré. L'alliance est défensive, mais elle n'interdit pas l'espérance aux vaincus de l'année terrible : elle ne ferme pas le livre de l'histoire et du destin. Et elle forme le bouclier puissant, tutélaire, à l'abri duquel la France peut garder sa place, son droit, son rang dans le monde, jusqu'au jour où les événements lui permettront de revendiquer une part meilleure, de rentrer par la diplomatie ou par les armes dans son domaine perdu. Rien n'est abandonné, rien n'est déserté, rien n'est prescrit. Et je crois, mon cher Sansbœuf, être sur ce point d'accord avec vous.

Puisque l'Alsace et la Lorraine nous ont été arrachées au nom de la maxime bismarckienne « *La force prime le droit* », nous espérons que l'œuvre de l'alliance franco-russe aura pour but de réparer cette iniquité en sachant faire constater que « *Le droit prime la force* ».

La force prime le droit, pour les vandales, c'est possible ; mais pour la justice basée sur l'équité, *le droit prime la force*.

De tout temps les barbares ont triomphé,

et la force brutale a toujours eu raison de l'intelligence, du génie et de la civilisation. Le vieil empire romain lui-même n'a pu résister au choc des hordes teutonnes. De nos jours on ignore la fraternité et la solidarité, on ne sait plus s'unir contre l'ennemi commun ; ce qui se passe au Transvaal depuis deux ans en donne une preuve irréfutable.

M. Sansbœuf, le sympathique et dévoué président de la Fédération des Sociétés alsaciennes-lorraines de France et des Colonies, a en maintes circonstances défini, en termes éloquents, la situation faite à la France par l'alliance franco-russe. Je suis en parfaite communion d'idées avec l'ardent patriote alsacien dont l'ardeur, le zèle et la croyance ne se sont jamais laissés abattre, malgré trente années de luttes et de souffrances.

Le stoïque président reste à son poste avec la même foi en l'avenir, il est la sentinelle vigilante qui veille les yeux attentivement fixés vers la trouée des Vosges. Les Alsaciens-Lorrains estiment que l'alliance franco-russe, qui n'est que défensive, devrait être également offensive, c'est certain. Il faut, disent-ils, qu'elle serve à nous délivrer du joug et de la domination allemande. Si tel n'est pas son but, à quoi servira-t-elle à la France ?

L'alliance a été proclamée avec éclat par les deux puissances, il faut songer à lui faire porter ses fruits, et à affirmer par des actes le caractère de cette entente. Il ne suffit pas que les drapeaux des deux grandes puissances flottent fraternellement unis et que les cœurs des deux peuples battent à l'unisson ; pour que cette alliance nous soit profitable, il faut qu'elle ait des effets directs, qu'on la célèbre ailleurs que sur les champs de manœuvres ou dans les réunions populaires ; il faut qu'elle se manifeste autrement, il faut qu'elle ait pour conséquence la restitution à la France des deux provinces qui lui ont été arrachées par une guerre criminelle et par un rapt odieux.

Voilà ce que disent tous les Alsaciens-Lorrains restés fidèles à la mère-patrie.

Si l'alliance n'a pas pour objectif la réalisation du vœu formulé par tous les patriotes, elle fera évanouir bien des illusions et dessillera les yeux des plus optimistes qui ne veulent reconnaître son efficacité qu'autant que l'outrage fait à la France aura été réparé. L'alliance, si elle devait rester platonique, sentimentale, serait un mécompte pour la France. Une alliance doit être basée sur des intérêts communs. C'est pourquoi la majorité des Français croient que le temps, ce grand facteur dans les questions d'ordre diplomatique, nous prouvera que nos efforts, notre patience, nos concessions d'amour-propre national qui ont été faits depuis quelques années, recevront un jour leur récompense en faisant disparaître la honte de Kiel, l'insulte de Fachoda, et le froissement qui nous a été imposé en Chine.

La Russie n'ignore pas qu'un fossé de sang nous sépare de l'Allemagne ; qu'entre Paris et Berlin, il y a Metz et Strasbourg. C'est pourquoi les Alsaciens et les Lorrains ne cesseront leurs protestations légitimes que le jour où leur patrie spoliée par un conquérant sans scrupules, leur aura été rendue.

Il est des deuils qui préservent, parce qu'il est des blessures qu'il faut toujours sentir saigner pour ne pas déchoir. La douleur est pour les peuples qui veulent vivre, la meilleure gardienne du feu sacré, et malgré l'arrogance du conquérant, nous ne nous laisserons ni intimider, ni abattre.

L'annexion de l'Alsace et de la Lorraine à l'Allemagne, n'a rien terminé, rien réglé. C'est l'épée de Damoclès suspendue sur nos têtes; tôt ou tard elle tombera; et quoi qu'on fasse, un jour viendra où se fera l'effroyable liquidation des griefs accumulés et des haines amassées.

Est-ce à dire pour cela qu'il faudra avoir recours au moyen des armes. Non, car la pensée d'une nouvelle lutte qui dégénérerait en carnage est tellement effroyable, qu'il vaut mieux n'y pas songer. La question d'Alsace-Lorraine peut se résoudre pacifiquement.

En attendant, les deux puissances épuisent leurs forces, diminuent leur vitalité dans l'entretien perpétuel d'armées colossales, que la paix armée leur impose. Avec nos *5 milliards!* l'Allemagne a fondu des canons, fabriqué des fusils, créé des régiments, et comme elle n'a rien perdu de ses idées belliqueuses, elle se tient toujours prête pour l'offensive en cas de guerre.

L'œuvre de haine commencée par Bismarck contre la France se continuera, se transmettra de génération en génération ; c'est la haine de l'ennemi héréditaire. Les Allemands conservent l'espoir de réduire encore la France, et c'est pour entretenir cette idée parmi le peuple, qu'ils ont fait paraître de nouvelles cartes géographiques où une deuxième annexion figure, on y voit inscrit en allemand, les noms de : Belfort, Nancy, Vesoul, Verdun, Saint-Dié,

Lunéville, Pagny-sur Moselle, Remiremont, Mirecourt, Raon-l'Etape, Epinal, Neufchâteau, Montmédy, Besançon, Lons-le Saunier, qui, d'après nos aimables voisins, sont appelés à devenir villes allemandes.

Les Anglais — autres ennemis de la France — font mieux J'ai sous les yeux, le journal « *The Sun* », qui a eu l'impudence de publier un document qui est à conserver.

Le journal en parlant de la France s'exprime ainsi :

Les puissances qui auraient droit au partage auraient chacune leur part : la Belgique, trois départements au moins ; l'Allemagne, Nancy, Reims, Châlons et Vesoul ; Paris deviendrait la capitale d'un royaume de Normandie, comprenant la Bretagne, sous un roi vassal de l'Angleterre ; l'Italie aurait la Corse et la rive gauche du Rhône, depuis Nice jusqu'à Valence, Grenoble et Chambéry ; l'Espagne retrouverait une belle compensation de ses pertes en Amérique avec Nîmes, Pau, Toulouse, Bordeaux et Périgeux ; mais la plus favorisée, proportionnellement à son étendue actuelle, serait la Suisse, qui couperait en deux le territoire français, séparant la France du Nord de celle du Midi, occupant Besançon, Dijon, Macon, Lyon, Bourges, Poitiers et La Rochelle, ayant enfin accès à la mer et libre de mettre son amiral légendaire à la tête d'une flotte de guerre. L'Angleterre, dans ce partage général où elle prétend surtout tenter la cupidité du continent, se réserve toutes nos colonies, offrant Tunis à l'Italie, et Madagascar au Portugal, en échange des anciennes possessions africaines. La seule chose qui serait capable de détourner l'attention de l'Allemagne, serait sa mainmise sur l'Autriche qui est l'objet de ses secrètes convoitises, sous la condition de rendre à la France, l'Alsace et la Lorraine ; mais il faudrait un Richelieu pour négocier une affaire de cette importance, l'avenir décidera du sort de nos chères provinces. Mais en attendant l'Allemagne germanise l'Alsace-Lorraine, la morgue allemande s'y affirme tous les jours, et la persécution exercée contre les braves restés fidèles à la Mère-Patrie, continue.

La haine pour l'Allemand n'existe pas qu'en France, nos amis les Tchèques la professent également. La Bohême aime la France, et la dernière visite à Paris des Tchèques a encore resserré les liens d'amitié séculaire qui unissent les deux peuples. Je laisse la parole au sympathique M. Sansbœuf qui fut le promoteur des relations établies entre les Sokols de Bohême et les gymnastes français. L'honorable Président des Alsaciens-Lorrains dit :

« *Nous avons compris l'état d'âme du peuple tchèque et son amour profond pour notre pays, amour né d'une communion parfaite d'idées générales et surtout du partage d'un même sentiment :* « *la lutte contre l'invasion germanique qui est devenue un véritable danger pour tous les pays voisins de l'Allemagne* ».

La visite que vient de nous faire la délégation des Sokols nous a permis de resserrer encore les liens qui nous unissent. Nos amis sont enchantés de leur séjour parmi nous. Les fêtes officielles auxquelles ils ont assisté les ont vivement intéressés. Nos fêtes et réceptions particulières les ont certainement enchantés mais — je ne crains pas de le dire — ils n'ont pas trouvé à Paris cette explosion de sentiments sympathiques émanant de la foule comme nous l'avons rencontrée nous-mêmes en Bohême. Cette constatation devait être faite.

— Il y a beaucoup de raisons qui expliquent cette sympathie, deux faits historiques nous rattachent intimement à la Bohême :

La mort du roi Jean de Bohême, qui, sous le roi Philippe VI, est venu offrir son épée à la France, à laquelle il a sacrifié sa vie à la bataille de Crécy, pendant la guerre de Cent-Ans. Nous croyons que c'est le seul souverain qui ait donné sa vie pour la France. L'autre fait, plus récent, c'est la protestation des députés slaves à la Diète de Bohême qui, en décembre 1870, ont adressé à leur souverain un Memorandum pour protester contre la continuation de la guerre et contre toute mutila-

tion de territoire. Ces faits seuls doivent nous suffire pour nous montrer quels sont les sentiments du peuple tchèque pour notre pays. Et puis, il y a une autre raison qui doit nous faire aimer ce peuple, c'est qu'il déteste l'Allemand, qui, après avoir mutilé le Danemark et la France, convoite les provinces de la Bohême pour les annexer à la Prusse. Le pangermanisme, voilà l'ennemi, pour les Tchèques. Aidons-les, encourageons-les dans cette lutte de race, car le succès de la nationalité tchèque est intimement lié à notre propre avenir national. Réclamons pour les nationalités opprimées, comme pour les individus, le droit à l'existence et flétrissons ceux qui, sous prétexte de civilisation ou par la raison du plus fort, cherchent à imposer à un peuple une nationalité autre que celle qu'il s'est librement donnée ».

On ne peut qu'approuver les déclarations faites par M. Sansbœuf.

M. Venceslas Hladik journaliste tchèque dit :

« *Nous pourrions difficilement fraterniser avec quelques peuples, avec quelques races. Il y a une race brutale et égoïste qui rend stériles les grandes idées de l'humanité, et platoniques les rêves des poètes et penseurs.*

C'est la race qui égorge un petit peuple indépendant au Sud de l'Afrique, c'est la race qui martyrise les enfants polonais à Wreschen, c'est la race qui, mille ans, combattit pour vaincre ma patrie, pour asservir l'intelligente nation tchèque, c'est cette race qui a usurpé à la France deux belles provinces...

Mais c'est une leçon pour les autres races, pour les autres nations et peuples. Les Français, les Latins et les Slaves devraient réaliser le sublime rêve du poète Victor Hugo et chercher dans les fraternités de leurs sentiments de la liberté, justice et égalité, dans leur solidarité et amitié, la force d'unité pour affronter leur ennemi commun, la race brutale et égoïste ».

Souvenons-nous !

L'Alsace-Lorraine, ce droit, ce devoir, cette souffrance, cette chair de notre chair, cette terre fécondée par le sang de nos soldats, quelle place lui a-t-on faite dans nos programmes universitaires ? Pourquoi ne met-on pas parmi les professeurs, des originaires des provinces arrachées par la force brutale ; ils parleraient aux enfants de l'Alsace et de la Lorraine, ces deux filles de la France, ils entretiendraient dans le cœur des élèves l'amour de la Patrie.

Rien de tout cela n'a été fait, il semble que l'on recherche plutôt l'oubli que l'espoir. C'est cependant par cette fidélité obstinée aux grandes traditions, et aux glorieux exemples, qu'un peuple reste toujours à la hauteur des sacrifices et des devoirs.

On enseigne à nos enfants, la lutte pour la vie, il faut aussi leur enseigner la lutte pour l'honneur, pour le drapeau parce que la force de la Patrie est la seule sauvegarde des foyers.

A-t-on suivi en France, depuis 1871, cette méthode de relèvement national ? A-t-on fait retentir dans nos écoles ces noms sacrés de Metz et de Strasbourg ? Enseigne-t-on aux fils des deuils et des revers, que la résignation est la défaite des cœurs, et qu'ils auront un jour à déchirer le traité de Francfort ?

Il faut à la jeunesse des écoles des éducateurs qui sachent diriger les cerveaux et conquérir les cœurs.

Danton a dit en 1792 : Après le pain, l'éducation est le premier besoin du peuple.

Il aurait pu ajouter, et aussi l'instruction militaire, car elle a pour effet d'élever les âmes, et d'ennoblir les cœurs.

Tâchons de nous armer pour les luttes futures et commençons par former l'âme de nos enfants. On se préoccupe peu, de l'autre côté de la Moselle, de savoir si l'instruction sera religieuse ou laïque, elle est avant tout, nationale. Les Universités allemandes sont des pépinières de patriotes et de soldats. Le caporal allemand prépare les armes, le professeur allemand prépare les cœurs. Rien n'y manque : leçons d'histoire, leçons d'orgueil et surtout leçons de haine. C'est ainsi que la patrie allemande entretient les flammes saintes, réchauffe l'âme des générations nouvelles, oblige les jeunes hommes, avant de passer sous les drapeaux, à aimer le pays qu'ils auront à servir et à défendre ; l'instituteur allemand donne de bonne heure aux jeunes cerveaux qui lui sont confiés l'empreinte ineffaçable du patriotisme.

Malgré les trente années écoulées depuis l'année terrible, les vaillantes populations alsaciennes et lorraines sont restées immuables dans leur attitude, fidèles à leur passé, sincères à leurs traditions, rien n'a changé dans l'esprit de nos chers compatriotes, leurs cœurs sont toujours français. Malgré tous les moyens de corruption employés pour les germaniser, rien n'a pu dominer, ni ébranler ces natures d'élite. L'image de la Patrie qu'ils pleurent, reste fixée à leurs yeux, leur foi est la même. Ces fidèles patriotes, confiants dans l'équité et dans le droit attendent leur délivrance, l'espérance les fait vivre.

Combien de temps l'Alsace et la Lorraine resteront-elles encore allemandes, c'est le secret des dieux !

J'ai le ferme espoir que notre pays résistera à toutes les convoitises dont il est l'objet. Le nœud gordien devant lequel on a voulu placer la France pour l'embarrasser et la perdre, sera tranché à la grande satisfaction de tous ses enfants. C'est ce que désirent ceux qui ont conservé une conscience pure et un cœur honnête.

Ce n'est pas la première fois que l'Europe se plaît à enterrer la France.

Depuis cent ans elle a survécu à la campagne d'Espagne, à la défaite de Waterloo, au désastre sans précédent dans l'histoire, de 1870-1871, au démembrement, à la commune, et au dreyfusisme.

Donc confiance ! l'horizon s'éclaircira, l'orage se dissipera. La France de Jeanne Hachette, de Jeanne d'Arc, des Turenne, des

Courbet, des Marchand, se dressera digne et fière devant ses ennemis du haut de son passé d'honneur et de gloire, et son admirable armée qui se confine noblement dans sa mission patriotique attend l'avenir avec confiance !

L'armée, avec ses nobles traditions, a le souci de sa gloire, la conscience de son droit, le sang gaulois coule toujours dans les veines des soldats.

La France vivra parce qu'elle est le plus beau joyau du monde, et qu'elle est la gardienne zélée des trésors des siècles. La France remplit dans le monde une mission nécessaire à la vie des peuples.

Vive la France aux Français !

Et vous, frères d'Alsace et de Lorraine, dont l'âme est restée forte et vigilante malgré vos meurtrissures ; on veut vous germaniser, vous ne vous laisserez pas dompter, nous connaissons votre dévouement absolu à la mère-patrie. Ayez foi dans le destin, et croyez à la délivrance ; votre cause si noble est un présage d'espérance.

Les exemples qui nous sont donnés par les Alsaciens-Lorrains méritent d'être médités. Ils nous enseignent comment on défend la Patrie, car on ne défend bien que quand on aime. Les Alsaciens-Lorrains, comme les Boërs, ont fait le serment d'Annibal, ils l'ont tenu :

« *La mort peut-être ! l'esclavage jamais !* »

Lorsqu'on jette un regard sur le passé de notre pays, lorsqu'on admire ce que ses traditions présentent de grandeur dans leur variété, lorsqu'on pense aux trésors intellectuels qui ont fait, à plus d'une époque, de la France la reine de la civilisation européenne, ces trésors matériels que son esprit d'épargne amasse et qui constituent une des causes de sa puissance, les trésors de dévouement que ses enfants ont prodigués pour sa défense, on se demande à quel mobile ont obéi les puissances en 1871, en laissant faire sans protestation, son démembrement ?

La France est le cerveau du monde, son existence est nécessaire à la vie des autres peuples.

Que les cruelles leçons du passé nous servent d'exemples, entretenons nos armes et préparons les cœurs, concentrons les forces vives de notre pays, et mettons-nous à la hauteur des devoirs patriotiques.

La France a porté partout le flambeau de la civilisation, chaque fois qu'elle a pénétré quelque part, elle n'a toujours cherché qu'à y introduire des idées de justice, de raison, d'humanité, protégeant toujours l'opprimé contre l'oppresseur. Ses tendances libérales, sa droiture, son équité, sa justice lui ont fait mériter bien des sympathies, voilà pourquoi elle rayonnera toujours sur l'univers. La France chevaleresque, cette grande nation humanitaire, dont les génies ont éclairé le monde, est enviée, et surtout divisée; mais patience et confiance, l'horizon s'éclaircira, l'embellie succédera aux jours agités que nous traversons.

Envisageons l'avenir avec la foi ardente, qui a été la gloire de nos pères, et notre sagesse, notre persévérance augmenteront le prestige du nom français.

La France est généreuse, patriote, elle honore ses serviteurs, elle aime son armée, nous avons foi en la noble mission qu'elle exerce dans l'humanité, cette France qui a rempli la terre du bruit de ses exploits, et de l'éclat de sa gloire, ne saurait périr.

Patrie, Honneur, Justice, voilà les grandes idées qu'elle a inscrites sur le drapeau dont les trois couleurs ont fait le tour du monde, et je salue en l'armée l'école du devoir, le tabernacle de l'honneur et l'arche sainte de l'amour de la Patrie.

Reprenons en commun le glorieux patrimoine légué par nos ancêtres et travaillons à l'agrandir pour les générations qui viendront après nous.

L'Alsace et la Lorraine à la France : tel est notre dernier cri.

Philippe Deschamps.

A CEUX QUI REPARLENT

DE FRATERNITÉ

Quand nous serons vainqueurs, nous verrons. Montrons-
Jusque-là, le dédain qui sied à la douleur.   [leur,
L'œil âprement baissé convient à la défaite.
Libre, on était apôtre, esclave, on est prophète ;
Nous sommes garrottés ! Plus de nations sœurs !
Et je prédis l'abîme à nos envahisseurs.
C'est la fierté de ceux qu'on a mis à la chaîne
De n'avoir désormais d'autre abri que la haine.
Aimer les Allemands ? Cela viendra, le jour
Où par droit de victoire on aura droit d'amour.
La déclaration de paix n'est jamais franche
De ceux qui, terrassés, n'ont pas pris leur revanche ;
Attendons notre tour de barrer le chemin.
Mettons-les sous nos pieds, puis tendons-leur la main.
Je ne puis que saigner tant que la France pleure.
Ne me parlez donc pas de concorde à cette heure ;
Une fraternité bégayée à demi
Et trop tôt, fait hausser l'épaule à l'ennemi ;
Et l'offre de donner aux rançunes relâche
Qui demain sera digne, aujourd'hui serait lâche.

VICTOR HUGO

TABLE DES MATIÈRES

Paris diffamé à Berlin (Poésie de V. Hugo)	2
Trente ans après !	3
Sedan (Poésie de Victor Hugo)	9
La Patrie des Braves	15
Metz « la Charitable »	22
Quand même !	29
L'Allemagne arme toujours !	33
Strasbourg « la Patriote »	39
Paris assiégé (Poésie de Victor Hugo)	42
Le rapt allemand !	45
Sedan, Metz, glorifiés par les Allemands	49
Une page d'histoire	53
Les Héroïnes de la France	62
La Capitulation de Paris (Poésie de Victor Hugo)	69
L'entrée de Napoléon Ier à Berlin	71
La France abandonnée (Poésie de V. Hugo)	80
La Paix armée	82
La France d'autrefois	85
L'Alsace-Lorraine et l'alliance franco-russe	87
Souvenons-nous !	106

www.ingramcontent.com/pod-product-compliance
Lightning Source LLC
Chambersburg PA
CBHW070518100426
42743CB00010B/1853